笑って合格する！
「中学受験」必勝法

超人気講師が教える、親子で心から満足できる受験生活

四谷大塚「桜蔭特別コース」講師
南雲ゆりか

ダイヤモンド社

はじめに

約5人にひとりが中学受験をする時代に

ここ数年、首都圏の6年生の児童数に占める中学受験率は上昇し続けています。受験指導塾「四谷大塚《よつやおおつか》」の推計によれば、2007年の入試では、首都圏（1都3県）の私立・国立中学受験率は約17％と**史上最高**になり、さらに、公立中高一貫校の受検者（公立中の場合は、適性検査を受けるという意味で「受検」といいます）を加えると、実に**19％を超える受験率**になりました。特に東京都は突出しており、**約3割、都心では5割近くが受験する**地域もあるといわれています。

新学習指導要領の施行による学力低下への不安も手伝い、**子どもに少しでもよい教育環境を与えてやりたい**と願う保護者が増えていることがうかがわれます。

書店に行けば、「子どもを一流校に入れる」ことをテーマにした雑誌の別冊が平積みされ、わが子の入試に成功した熱血お父さんのハウツー本が並んでいます。**公立中高一貫校**をめぐる報道や刊行物も目につきます。マスコミが親心を刺激している面もあるでしょう。

さらに、今時の世相を語るに欠かせない「**格差社会**」という言葉。わが子を勝ち組に、という親の願いも切実なものがあるのだと思います。

このようにかつてない盛り上がりを見せている中学受験について、**私立中学出身者**として、**公立小学校教員**の経験者として、一昨年、**娘に中学受験させた母**として、そして、12年にわたって中学受験の最前線で日々格闘している現役の**進学塾講師**として、いろいろなことを思います。

〝御三家〟といわれる名門難関校でなければ行かせる意味がないと考える人はいまだに多く、学校を偏差値やブランド性だけでしか選ぼうとしない人もたくさんいらっしゃいます。

個人の価値観にケチをつける気はありませんが、**「お子さんの幸せ」といういちばん大切な原点**に立ってお考えになっているのかどうか、子どもの受験を「親自身の勝負事」「親のゲーム」にしていないかどうか、一度は立ち止まってみてくださいとお願いしたいのです。

子も親も後悔しない中学受験をするために

私が四谷大塚で、桜蔭《おういん》中学を受ける女の子を特訓する**「桜蔭特別コース」を担当**するようになって、今年で8年目になります。**桜蔭に送り出した卒業生は、通算で百数十人**になるかと思います。コースの**桜蔭合格率は、ほぼ例年8割を記録**し、**一校舎からの合格率は日本一**をキープしてきました。

一方で3年生、4年生の指導にも携わり、**初めの一歩からゴールまで**、実にさまざまな受験におつき合いさせてもらっています。

雑誌の特集などを読むと**「子どもを一流校に入れるのはこんな家庭だ」「こんな取り組みが子どもの頭をよくする」**というような事例やデータが記載されていますが、これは、何万とある事例のうちのひとつにすぎません。何万分の一の事例としては真実であることにまちがいありませんが、それを普遍化することなどできないと思うのです。

「しりとりをやって子どもの語彙力を増やしたのがよかった」と書いてあるからといって、むきになってしりとりを始めても、必ずしもお子さんの国語力がアップするわけではありません。**学力は**もっともっと**複合的なもの**ですし、お子さん一人ひとり、別の人格と個性を持った、別々の存在です。同じご両親が同じように育てても、兄弟の学力がまったくちがってくることだってあるのです。

また、一流校に子どもを入れている家庭は「夫婦仲がよく、円満」「母親が専業主婦」など理想の家庭像が調査結果の円グラフとともに書かれていたりしますが、これも調査件数としては驚くほど少ないですし、事実のほんの一部でしかありません。

ご両親が人格的にも社会的地位においても申し分のないご家庭であっても、お子さんが名門難関校に入るとは限りません。逆に、お父さんがいないご家庭であっても、立派にお子さんを育て、最難関校に楽々合格させている方もたくさんいらっしゃるのです。

情報にふりまわされて、焦ったり不安になったりしてはいけません。必要な情報を取捨選択して、

「わが家流」「うちの子流」の受験を貫いてしまえばよいのです。

中学受験で絶対に守りたい2つのポイントとは？

ただし、**中学受験をするうえで、絶対に外せないこと**が2つだけあります。

ひとつは、**「子どもの幸せ」をすべての判断の基準にすること**です。

お子さんを不幸にしようと思って中学受験をする人はいないはずなのに、親子で心を壊してしまっては本末転倒というものです。迷ったときには、**「何をしてやるのが、子どもにとっていちばん幸せなのか」**を考えることです。

もうひとつは、**親の心が安定していること**です。

親自身が不安や焦りで落ち着かないと、ついお子さんに矛先が向かってしまいます。親の心配や過剰な口出しは、お子さんの表情を暗くします。せっかく伸びようとするお子さんのエネルギーと能力を、奪い取ってしまうのです。〝外野〟のうるさいお子さんには独特の暗さがあり、見ていてすぐにわかります。

せっかく多大な時間と労力と費用をかけて中学受験をするのですから、**お子さんの人生を、もっと長いスパンで見て、毎日毎日をプラスにしていかなくては、もったいない**と思います。いずれ親の手を離れていくお子さんと、親子で手をたずさえて乗り越える、最後のイベントである中学受験。「偏差値の高い学校に入れたかどうか」という結果のみがすべてではなく、「受験を通じて親子でどんな時間を過ごせたか」という過程にこそ、「いい受験」ができたか否かのカギがあるように思います。

以上のことを私は、この仕事を通じて出会った、たくさんのすばらしい親御さん、そしてお子さんたちから教えられました。

かけがえのないお子さんの幸せのために、親子ともども心を壊さない受験をしてください。

本書執筆にあたり、四谷大塚進学教室元副室長の小川真士先生、算数科講師の山田和毅先生には、温かい励ましとご助言をいただきました。心より感謝申し上げます。

2007年3月

南雲ゆりか

1章 合格する塾の選び方は？

後悔しない塾選びのコツとは？
塾を徹底活用するポイントとは？

4章　中学受験の実際を知ろう

目次

4年生から入塾するケース。この場合、**3年生の2月から通う**ことになります。その前年11月頃に入塾テストや入塾説明会、無料体験授業などが各塾で催されるので、そこで行く塾を決めるといいでしょう（くわしくは35～37ページを参照してください）。

Q4 「完全中高一貫校」って何？

A 高校募集を行わない学校のこと。“御三家”はじめ、女子校で増加中

中高一貫校というのは、中学校と高校のカリキュラムが一貫して実施されるため、高校受験をしなくてすむ学校のことですが、その中でも中学受験でのみ生徒を募集し、高校受験は実施しない学校を「完全中高一貫校」と呼んで区別することがあります。その数は増加傾向にあり、**特に女子校はこの傾向が顕著**で、いわゆる“女子御三家”（桜蔭、女子学院、雙葉《ふたば》）をはじめ、高校時に募集しない学校が増えています。

Q5 私立中と公立中、どこがそんなに違うの？

A 進学実績のほか、独自の校風や多彩な課外活動も私学の魅力！

私立の魅力は、多彩な校風、中高一貫教育によるゆとり、課外活動を重視し人間性の育成に力を入れている学校が多いことなど、いろいろありますが、ここでは学習面についてまとめてみます。

公立中学校では、2002年の学習指導要領の変更に伴って「ゆとり教育」が進められ、授業時間も学ぶ内容も大幅に削減されました。現在、公立中の授業時間数は年980時間、週休2日ですが、私立中の多くはそれ以上の時間を当てており、土曜日も授業を行う学校が多くあります。英語はネイティブ講師による授業も多く、授業の進度も速い場合が多くなっています。高2で高3までのカリキュラムを終わらせて、高3時には大学受験対策に力を入れ、高い進学実績を維持している学校も多く見られます。

初めてでもよくわかる！

中学受験のQ&A

Q1 入試日はいつ？

A 東京・神奈川は２月１日、埼玉・千葉・茨城は１月に始まる！

私立中学校間の協定により、東京都と神奈川県の入試スタートは２月１日と決まっており、**特に２月１～３日に入試が集中**します。中でも１日は例年、開成、麻布、桜蔭、女子学院など、人気の高い難関校が集中します。そのため、多くの受験生は、１月は千葉県・埼玉県・茨城県などで“試し受験”をし、２月の本番に備える形をとります。

Q2 中学受験の入試科目は？

A「２教科」「４教科」「２教科・４教科選択式」の３タイプ！

通常は「算数・国語・理科・社会」の４科目、または「算数・国語」の２科目、どちらかですが、**難関校はほとんどが４科目**です。２教科と４教科から選択できる学校もあります。その場合、合格者の一定割合（たとえば７～８割）を「国語・算数」の２科目の得点で決定し、残りの合格者は４教科の上位生から決定している学校が多いようです。つまり、４教科で受験すると、２教科と４教科の２回にわたって、選ばれるチャンスがあるわけです。ですから、**４教科受験生のほうが有利**になっているのが現実です。また、こうした学校も、４教科のみに変更する傾向があります。

Q3 塾はいつから通えばいいの？

A ３年生２月がベスト！　まずは入塾説明会や無料体験授業へ

入試が２月なので、塾の新学期は２月に始まります。いちばん多いのは、

Q9 面接はある？　その場合の注意点は？

A 実施している学校は少数。あまり気にしなくても大丈夫！

受験生を少数のグループに分けて行う面接が一般的ですが、親子面接、親だけの面接をする学校もあります。いずれにしても、真面目な態度で応対できれば十分で、よほどのことがない限り、**面接で不合格になることはありません**（くわしくは本書247ページを参照してください）。

Q10 出願も合格の確認も、インターネットでできるって本当？

A 校内に掲示するだけでなく、インターネットで合格番号を確認できる学校が増えています

インターネット合格発表のメリットは、自宅から遠い学校でもすぐに合否を確認できること。そこが第1志望校であったなら、翌日以降の受験予定は取りやめる、そこが“押さえ”の学校であれば、その時点で出願できる別の学校に新たに出願するなど、**臨機応変に対応できます。**

インターネットで出願できる学校も増えています。願書だけを先にインターネットで送り、受験料は別途、振り込みなどで支払います。予定外の学校の受験を急に決めたときなどに便利ですが、写真だけは当日持参となることもあるので、あらかじめ余分に準備しておきましょう。

Q11 「繰り上げ合格」って？

A 合格者の中から辞退者が出たときに、繰り上げて合格すること

合格発表のときに、「繰り上げ合格候補」として一緒に発表されます。合格者の中から辞退者が出て繰り上がると、合格者に直接電話がかかってきます。中には、慶應のように、このとき**電話に出られないと次の人に合格を回してしまう学校もある**ので、注意が必要です。

Q6 「複数回受験」って？

A 同じ学校を複数回、受験できるしくみ。チャンスが広がります

首都圏では多くの学校が「複数回受験」方式を取り入れており、**1つの学校で平均3回**、入試が行われています。その分、受験生には志望校に合格するチャンスが広がります。

また、同一校を複数回受験すると、受験料金が安くなったり、第一志望として熱望しているとして合格判定に際して配慮したりと、優遇制度を設けている学校もあります。

Q7 「午前入試」「午後入試」って？

A 文字通り「午前に行われる入試」と「午後に行われる入試」のこと

午前入試が基本ですが、午後入試を行う学校も増えています。受験生にとっては、「午前中にA校」「午後にB校」というように、同じ日に掛け持ち受験できるので、チャンスが広がります。**午後入試は2科目（算数・国語）の場合が多い**というのも特徴。**理科・社会が苦手な受験生に向いている**といえます。

なお、掛け持ち受験する場合は、A校からB校への移動時間、子どもの体力などを考え、無理のない受験計画を立てることがポイントです。

Q8 小学校の「報告書」や「調査書」の提出が必要？

A 公立中高一貫校では必要。私立ではほとんど不要です

公立中高一貫校では、出身小学校からの「報告書」や「調査書」も合否の判断に使われます。

私立中では、**通知表のコピー**だけですむ学校が増えており、その記載内容もさほど重視されません。

入試に慣れたり、“押さえの学校”を確保しておくケースが一般的です。受験生のスケジュールは、この2月を目指して進むため、塾の新年度は、毎年2月にスタートします。

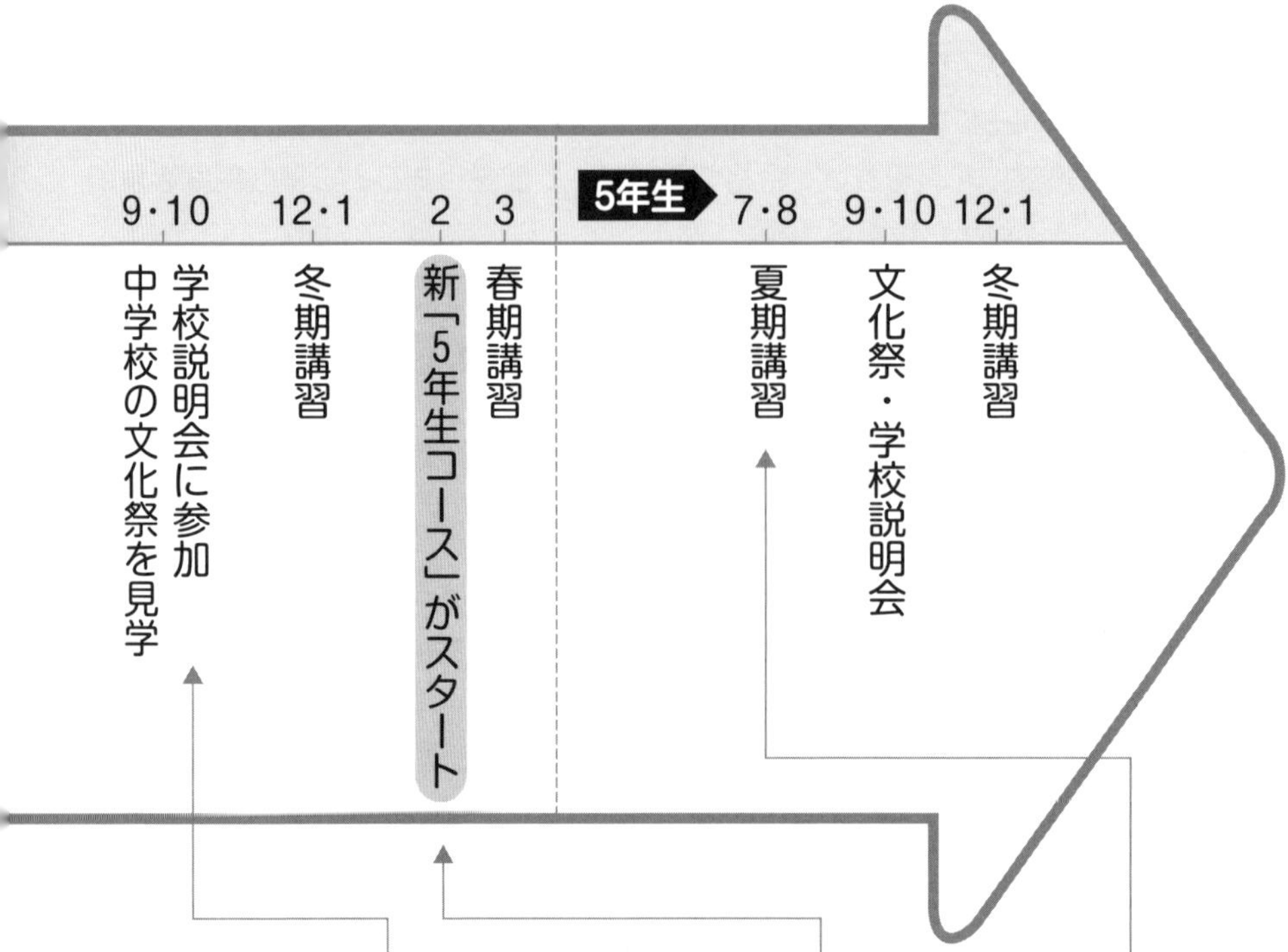

興味のある学校は、4・5年生の間に親子で行って見ておきましょう。各校で行われる「学校説明会」や「入試説明会」は、親だけが行くのでもよいでしょう

通塾が週3回に増え、お弁当を持っていくようになります

授業内容が入試に直結したものになります。大切な土台づくりの時期です

（※四谷大塚のモデル例）

4年生・5年生の
「年間スケジュール」を見てみよう

私立中高校協会の協定により、東京・神奈川では2月1日から入試が始まります。中でも2月1～3日に受験日が集中し、5日前後に一段落します。そのため、1月中に千葉県、埼玉県、茨城県などの中学校を受験して

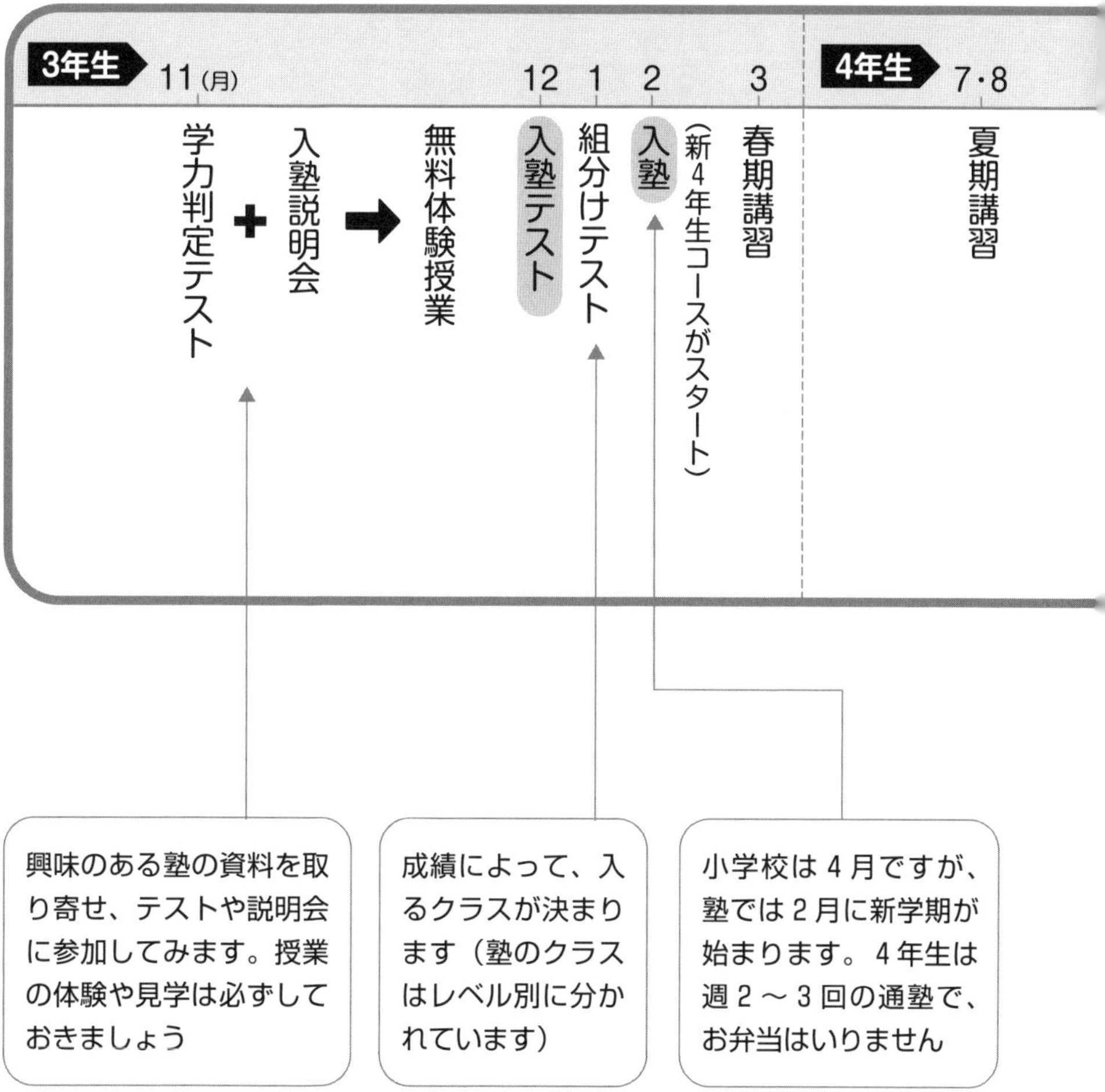
3年生
11(月)
12
1
2
3
4年生
7・8
学力判定テスト
入塾説明会
無料体験授業
入塾テスト
組分けテスト
入塾
(新4年生コースがスタート)
春期講習
夏期講習
興味のある塾の資料を取り寄せ、テストや説明会に参加してみます。授業の体験や見学は必ずしておきましょう
成績によって、入るクラスが決まります（塾のクラスはレベル別に分かれています）
小学校は4月ですが、塾では2月に新学期が始まります。4年生は週2～3回の通塾で、お弁当はいりません

かけていくことになります。６年生後半では、一般的に週５～６日、塾に通うようになります。

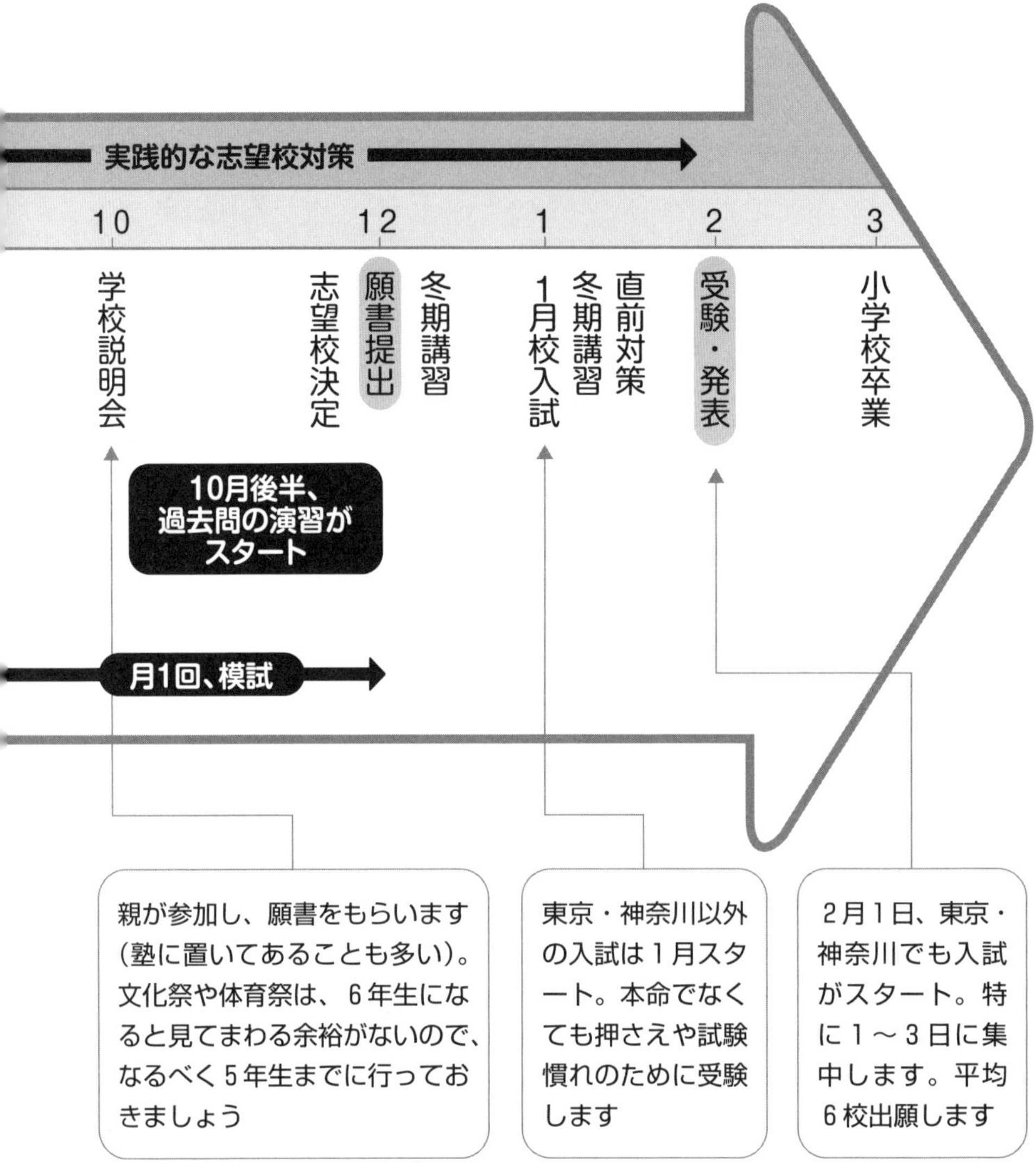
実践的な志望校対策
10
12
1
2
3
学校説明会
志望校決定
願書提出
冬期講習
1月校入試
冬期講習
直前対策
受験・発表
小学校卒業
10月後半、過去問の演習がスタート
月1回、模試
親が参加し、願書をもらいます（塾に置いてあることも多い）。文化祭や体育祭は、６年生になると見てまわる余裕がないので、なるべく５年生までに行っておきましょう
東京・神奈川以外の入試は１月スタート。本命でなくても押さえや試験慣れのために受験します
2月1日、東京・神奈川でも入試がスタート。特に１～３日に集中します。平均６校出願します

（※四谷大塚のモデル例）

6年生の
「年間スケジュール」を見てみよう

6年生になると、通塾回数も週4～5回に増え、秋からは志望校別の特訓クラスも始まります。夏休みまでにすべての学習範囲を終わらせ、それ以降は志望校対策に力を入れ、いよいよ合格を目指してラストスパートを

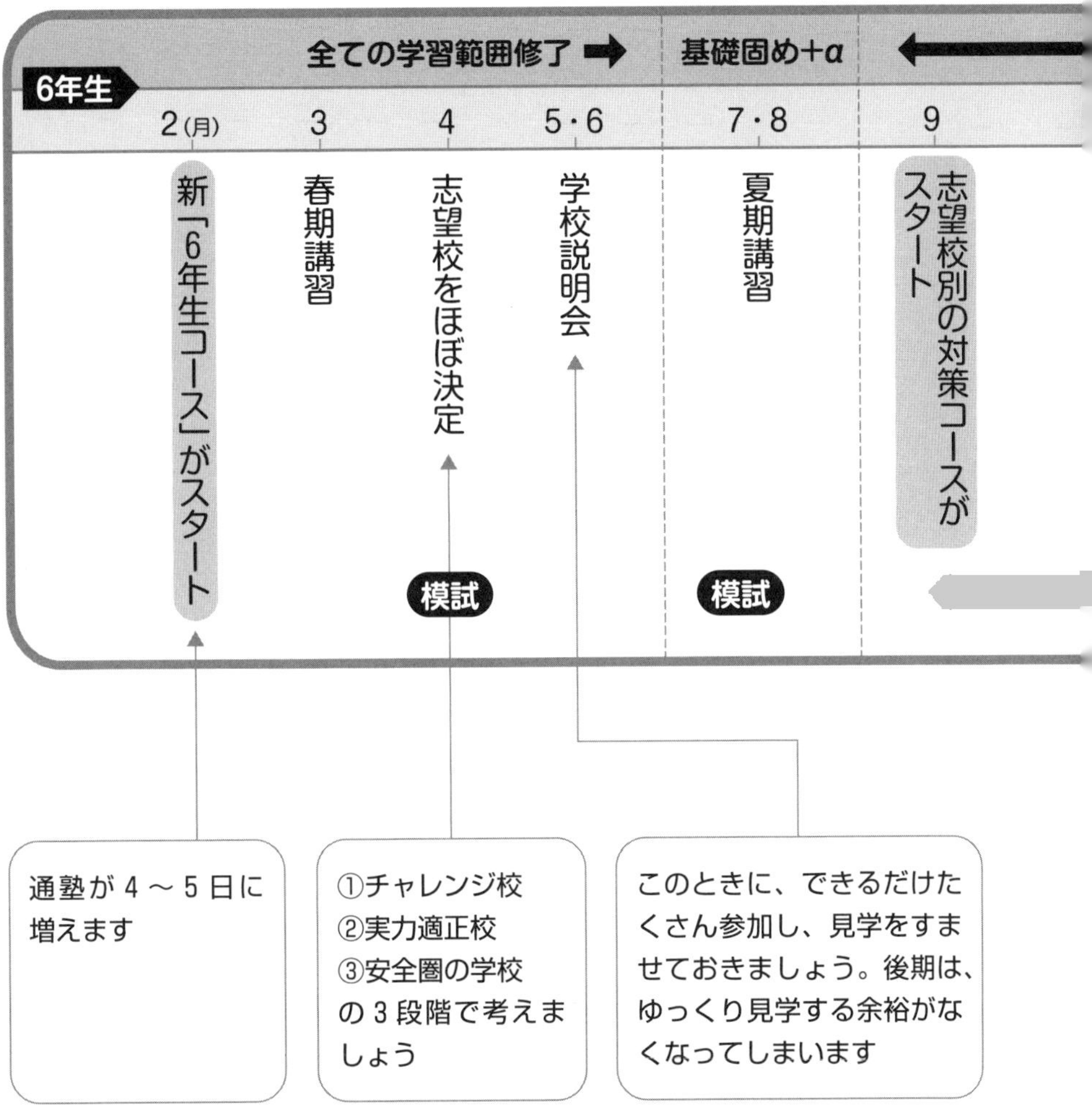

全ての学習範囲修了
基礎固め＋α
6年生
2(月)
3
4
5・6
7・8
9
新「6年生コース」がスタート
春期講習
志望校をほぼ決定
学校説明会
夏期講習
志望校別の対策コースがスタート
模試
模試
通塾が4～5日に増えます
①チャレンジ校
②実力適正校
③安全圏の学校
の3段階で考えましょう
このときに、できるだけたくさん参加し、見学をすませておきましょう。後期は、ゆっくり見学する余裕がなくなってしまいます

※なお、本書内に記載した2007年度入試データに基づく「結果80偏差値」等は、
2007年3月20日現在の四谷大塚による仮判定の数値です。

1章

合格する塾の選び方は?

後悔しない塾選びのコツとは?
塾を徹底活用するポイントとは?

塾に行かなくても合格できる？

▽「勝てる受験計画」を立てるためには

たとえば、偏差値30台の学校を、普通の学力（小学校で行う市販のテストで80点くらい取れる）のお子さんが受けるのであれば、家庭学習でほどほどの受験勉強をすれば合格できるでしょう。しかし、それよりも上のレベルの学校を目指すのだとすると、塾を利用せずに合格するのは難しくなります。

受験に必要な知識は、学校で習う内容よりもずっと広く深いものです。算数・国語・理科・社会、名前は同じでも、**学校で習うものとは別物**といっても言いすぎではありません。その膨大な学習内容のうち、何を優先してどのように学習を進めていけば受かるのか、**入試を知り尽くしたプロのアドバイス**がないと、効率よい学習プランも立てにくくなります。

加えて、塾が持つ膨大なデータと経験、最新情報をリアルタイムで利用できることも大きなメリットです。毎年変化する受験動向、お子さんの特性と入試問題との相性。そんなことも視野に入れながら適切なアドバイスを受けることで、**「勝てる受験計画」がつくれる**のです。

塾に通わずに合格できたという話もありますが、こうした受験生でも、塾の発行しているテキストを使って、親御さんにつきっきりで指導してもらい、塾の**週例テスト**や**模擬テスト**を利用しています。しかも、こうした学習スタイルで合格できるのは、通常、**記述問題を出してこない入試を実施する学校**です。〝男子御三家〟や桜蔭や雙葉《ふたば》をはじめとする、記述問題中心の学校を受けるのなら、**自学自習、親による指導だけでは間に合いません**から、プロの指導を受けるべきでしょう。

地方や海外に住んでいて通塾できないとしても、**通信教育**を利用したり、**夏期講習**や**冬期講習**だけでも受講する、週例テストや模試を受けたりするなどして実力をつけていかないと、厳しいと思います。

私の勤める塾校舎は交通の便がよいこともあり、都外からの通塾生も珍しくありません。最近は、塾生でなくても受けられる夏期講習などには、沖縄や大阪など、遠方から参加してくださるケースが増えています。もちろん、自宅から通うのではなく、その期間だけ、お母さんと一緒に親戚や知人の家、ウイークリーマンションなどに滞在するのです。

昨今の中学受験者の急増は、「公立不信」と表裏の関係にあります。名門公立高校の権威がまだ失われていないと思われる地方でも、じわじわと私立志向は広まりつつあり、都外や遠方からの参加は今後も増えていくのではないかと思います。

失敗しない「塾選び」のポイントは?

▽「自分の子どもをいちばん伸ばしてくれる塾」の見つけ方

塾を最終的に決める前に、必ずしておいたほうがいいのは、その塾の授業を実際に受けてみること、体験授業のシステムがないのなら、**授業を見学しておく**ことです。

その前提で、自分の子どもにいちばん合った塾、いちばん伸ばしてくれそうな塾を見きわめるためのポイントを述べていきたいと思います。

ポイント Point 1 学習システム(授業時間、通塾回数、家庭学習の量など)

学習システムは塾によって、同じ学年でも意外と差があるものです。テキストやカリキュラムの内容だけでなく、授業時間の長さや1週間に何回通うか、お弁当はいつから必要かなども、気になるところだと思います。

ひと昔前と違って、今は、なるべく負担なく通塾できることが求められているため、**授業日数はかつてよりも絞られています**。一方、親があまり手をかけなくてもすむように、**塾だけで学習が完結する**ことも求められています。

これらの要望に応えるべく、各塾ともに工夫をしていますが、授業時間が短ければ、当然手薄になる部分が出てきますし、反復練習などは宿題にせざるをえなくなります。結果、**膨大な課題プリント**を持ち帰り、その消化に追われるということになりかねません。うんと能力の高いお子さんであれば、大量の課題もてきぱきとこなしてしまいますが、普通のお子さんでは、ギブアップ状態になってしまいます。

ですから、**通塾日数や授業時間だけを見て、「この塾は楽に通えそうだ」などと判断しないほうがいい**でしょう。逆に、拘束される時間は長くても、授業内で作業する時間をちゃんととり、個別のアドバイスが受けられるのであれば、**家庭学習の負担感**はぐっと減ります。

また、**講師がどこまでノートや答案を見てくれているか、宿題のチェックをちゃんとやっているか**を確認したほうがいいでしょう。宿題のチェックや答案添削は専門のスタッフがやり、講師は関与しない塾もあります。実際に指導にあたる講師自身がお子さん一人ひとりの癖や弱点をつかむには、講師が自分で見ることが必須です。

こうした細かいところはパンフレットや説明会だけではわからないので、実際に通っている人の話を聞いたり、校舎の窓口で根掘り葉掘り聞いてみたりするとよいでしょう。

ポイント Point 2 合格実績

塾を選ぶときに、気になるのが**合格実績**。**「男女御三家に何人入れたか」**が、塾の評価となっているのが現実です。ただし、この数字は塾の「自己申告」である以上、いろいろな「算定方法」が使われており、各塾発表の合格者数を合計すると、実際の合格者数を上回るともいわれています。また、「何人受けたのか」はチラシなどには書かれないことが多いため、**「合格率」**はわかりません。入塾テストに合否があるなどして、もともと高い学力を持つお子さんが集まっている塾であれば、自然に合格実績も高く出るでしょう。チラシの数字からだけでは、そこそこの学力のお子さんを鍛え上げて得られた合格実績かどうかはわからないのです。

また、こんな話もあります。大手塾に通わせる親の平均収入を比較したところ、ある塾が他塾に比べ約20％も高かったというのです。これは、何を意味するのでしょうか。

塾に通わせながら、さらに家庭教師をつける経済力がある、ということです。事実、**その塾の上位生は、家庭教師によるフォローが当たり前になっている**のです。こんな実情も含めての難関校合格実績であることを承知しておいたほうがいいでしょう。

本来、親として考えたとき、望ましいのは、**塾だけでしっかり面倒を見てくれる**ところ、授業時間で足りなければ補習などでフォローしてくれ、**塾に通うことに十分な意義がある**ところ、そんな塾ではないでしょうか。

また、合格実績を出すこと、つまり御三家を重視するあまり、それ以外の受験生はあまり面倒を見てくれない、という大手塾もあります。ある有名塾に子どもを通わせていた知人は、御三家の受験をしきりにすすめられたものの、別の学校を志望していると話したら、とたんに対応が冷たくなったそうです。この塾は、6年生の途中で抜ける中位生が目立つといいます。

ひどい塾になると、偏差値の低いお子さんは授業料さえ払ってくれればいいという意味で「お客さん」とされます。**上位生の合格実績だけでなく、中位生であってもきちんと大切にしてくれる塾かどうか、見きわめる**必要があるでしょう。

また、規模が小さいため、「合格実績」という数字上では目立たないものの、いい指導をしている小規模塾もあります。大手塾だと講師数が多いため、優秀な先生も多い反面、**そうでない先生に当たってしまう確率も高くなります**が、いい指導者が集まっている小規模塾であれば、そうした心配はないでしょう。

ただし、**「元○×塾講師」**というように、有名塾でのキャリアを肩書きにする先生には2通りあることを承知しておいてください。ひとつは、理想の教育を求めて、惜しまれつつ退職したケース、もうひとつは問題を起こしてクビになったケースです。ブラックリストに載ってしまい、どこの塾にも雇ってもらえなくなったため、自分で開塾するに至ったという事例もあります。大手塾の先生だったからといっても、肩書きに惑わされず、**ご自分の目でしっかり判断**してください。

ポイント Point 3 通塾時間と塾のまわりの環境

電車やバスで通塾する場合のお子さんへの負担ですが、健康であれば**片道40～50分の通塾時間**はそんなに問題にならないと思います。塾に近いお子さんの成績がよく、遠いお子さんの成績は悪い、などという相関関係はまったくありません。

ただ、このご時世ですから、**保護者が迎えに行けるかどうか、家族に無理をきたさないようにしっかりとシミュレーション**したほうがいいでしょう。家から歩いていけるような近い塾の場合でも、夜遅くなることに変わりはないので、迎えには行くべきです。

また、**塾のサポート態勢やまわりの環境**もよく見ておきましょう。生徒が来る時間帯や帰る時間帯に、スタッフが外に出て生徒の誘導や安全管理をしているかどうか。そうした点についても、問い合わせてみるとよいと思います。

また**繁華街**の雑居ビルの一室を間借りしているような塾は、防災上も、教育的にもどうかと思われます。ほかにどんなテナントが入っているか、人の出入りなども見て、検討してください。

ポイント Point 4 クラス分けの仕方

どの塾でも**能力別のクラスに分けて指導**を行いますが、この**クラス替えの頻度は塾によってさま**

ざまです。頻繁にクラス替えがあり、さらに席順までもが成績によって決まる塾もあります。かなり小さな学年から細かい序列をつけている塾もあります。これがプラスになるかマイナスになるかは、**お子さんの性格次第**です。ゲーム感覚で楽しめる、あるいは負けん気が強くてがんばれるお子さんにとってはプラスになります。

一方、気が弱かったり、神経質だったり、人と競争するのがきらいなお子さんにとっては、このシステムはつらいものとなるでしょう。

親御さん自身にも、こうした序列にいちいち振り回されないだけの強さがないといけません。**親子ともに、自分の性格をよく考えて、その塾のシステムが合うかどうかを検討すべき**です。

ポイント Point 5 クラスの実態

4年生から6年生まで進学塾に通う場合、**授業料は大まかにいって200万円はかかる**といわれています。だいたいどこの塾でも、学年が上がるごとに授業料は高くなり、6年生になると、1カ月7万円ほどかかることもあります。

もっと安い塾もありますが、だからといって、雑居ビルのせまい教室に、ぎゅうぎゅう詰めにされてしまうのであれば、考えたほうがよいでしょう。**1クラスあたりの人数**は、流動的なのでパンフレット等には載っていないこともありますが、**大事な要素**なので問い合わせてみましょう。

名門とされている塾でも、下位生のクラスでは学級崩壊のようなことが起きていることもあると聞きます。授業を聞かないで立ち歩く子、騒ぐ子、ほかの子にちょっかいを出す子……。どこの塾にもそういう子たちはいますが、それに対して**どのように対処しているかは、塾によって差があります**。下位生クラスは学生アルバイトや、人材派遣会社から来た派遣講師にまかせっきり、というところもあります。もちろん学生や派遣講師でもいい先生はたくさんいますが、「責任のとり方」において、正社員とはちがいが出てくると考えるのが自然でしょう。

学習面でつまずいている子の多いクラス運営には、最上位クラスとはちがう難しさがあり、**講師の経験、力量がものをいいます**。私の勤める校舎では、経験豊かなある程度の年齢の講師が指導にあたっています。講師陣の若さをセールスポイントにしている塾もありますが、いろんなタイプのお子さんを多数見てきた**ベテラン講師の指導技術**には侮れないものがあります。お子さんたちは意外と、年配の先生だと安心する面もあるのです。

いちばんいいのは、体験入塾したり、**実際の授業風景を見学する**ことです。四谷大塚では、**体験授業はいつでも受け付けている**ので、実際に教室に入り、一緒に授業を受けることができます。

教室には入れてもらえなくても、音声のないモニターなどで見せてくれる塾もあります。一方、「生徒さんの気が散るから」と見せてくれない場合もあります。個人情報うんぬんが理由にされることもあるかもしれませんが、なんだかんだと理由をつけて授業を見せてくれない塾は、**「見せられない授業」**が行われている可能性がなきにしもあらず、でしょう。

失敗しない「塾選び」のポイントは？

ポイント1　学習システム

テキストやカリキュラムに加え、家庭学習の負担度も考えよう。通塾数や授業時間が少なめでも、そのぶん宿題が多く、家庭学習でパンクするケースもある。授業時間は長めだが、そのぶん家庭学習の負担感が減るという塾もある。講師自身がノートや答案、宿題をきちんと見ているかもチェックしたい

ポイント2　合格実績

「男女御三家に入れた人数が多い」＝「子どもの実力を伸ばす塾」ではないので、要注意！　また、合格実績を上げるため、露骨に上位生とほかの生徒を区別する塾もある。塾と講師を自分自身の目で見て選ぶことが大切

ポイント3　通塾時間と塾のまわりの環境

健康なら、片道40～50分の通塾時間は問題ない場合が多い。通塾時間の長さと成績は関係ないので、距離よりも内容で塾を選ぼう。繁華街の場合、周辺環境や駅までの安全性などもチェックしたい

ポイント4　クラス分けの仕方

頻繁にクラス替えしたり、席までレベル別にしたりという熾烈な塾もあれば、それほどではない塾も。親と子、それぞれの性格に合った塾にしよう

ポイント5　クラスの実態

1クラスあたりの人数やクラスの雰囲気も、意外と合否に関わってくる。自分の目でしっかり確認して選ぼう

お子さんが入る、または入れたいと思う**クラスの授業を見学して雰囲気を見ておくことの大切さ**をお話ししましたが、それは、私自身の経験から、**クラスの雰囲気は合否とは無関係ではない**と思うからです。

６年女子の最上位クラスを担当して８年目になりますが、女子最難関である**桜蔭中学に進学した卒業生も百数十名**となりました。

最初の卒業生の方は、高校３年になりますが、今でも顔を見せに来てくれたり、メールをくれたりします。クラスにはいつも笑い声が絶えず、みんな仲がよく、互いに切磋琢磨しながら、**「みんなでいっしょに合格しよう」**と力を合わせていました。

欠席するとすぐに友だちから「大丈夫？」というメールが届くし、テストの成績が悪くて落ち込んでいると、クラスメートが励ましてくれる……そんな和気あいあいとした楽しいクラスで、友だちをライバル視して、蹴落として……というような雰囲気は全くありませんでした。

私たち担当講師も、お子さん同士を競わせたり、あおったり、**成績の悪い子を発表して〝さらし者〟**にしたりということが**生理的にきらい**なのでやりませんし、脅したりもしません。

クラスの和があったほうが集団としてのエネルギーが高まって、**個々の学力向上にもいい影響があ**るというのが私の実感です。

いつから塾に通わせるのがベスト？

▽3年生2月にはスタートラインに着かせたい

四谷大塚をはじめとする大手進学塾はもちろん、いろいろな塾で1年生・2年生・3年生のクラスが開設されています。低学年では遊びの要素を取り入れながら勉強の下地をつくるのを主眼としており、本格的な受験指導が始まるのは4年生からです。

塾では2月初旬、入試の決着がつくかつかないかのころに新年度がスタートします。ですから、「4年生でスタート」というのは、正確には**「3年生の2月に塾通いをスタートする」**ということになります。できれば、この時点には、**スタートラインに着かせたい**ものです。

どんなに遅くても4年生の2月、つまり新5年生のクラスが始まるタイミングで塾通いを開始しないと、後々苦しくなると思います。

6年生からのスタートでは相当厳しくなります。学校を選ばないのなら、なんとかなる場合もあるかもしれませんが、**難関校はまず無理**でしょう。

なぜなら、**理科と社会の学習がとうてい間に合わない**からです。

小5の塾での学習内容は、そのまま入試に直結しています。いいかえれば、小5と小6の2年間で、入試に必要なことを学習するのです。たった1年の受験勉強で、アオムシの足の数から、四季の植物、天体、地学、電流、力学すべてマスターできるわけがありません。

また、社会も、気候や風土、産業とをそれぞれ関連づけながら理解して覚えるとともに、歴史や政治、国際関係、時事問題まですべて習得しなければならないのです。

もし、6年生からの通塾で難関校に入ったお子さんがいたとしても、家で誰かがつきっきりで理科と社会の学習をやっていたはずです。

▽塾選びは3年生秋に始めよう

2月からの新4年生スタートに向けて、11月ごろ、現3年生向けに各塾でさまざまなイベントが催されます。四谷大塚でも、体験授業、学力判定テスト、保護者向けの説明会などがいずれも無料で行われます。他塾に先駆けて、夏休み前にこうした行事を行う塾もあります。

どこの塾を選ぶか、どのご家庭でもいろいろな情報を収集されているようですが、**いちばん確かなのは、実際にそこに行って授業を体験してみること**です。

口コミはその人の主観や好みが入るので、あまり当てにならないような気がします。

もちろん、この時期でなくても、いつでも入塾できます。ただ、やはりいちばん情報収集しやすいのは、この時期だといえるでしょう。2月に入塾したいのならば、なおさらです。

11月、朝から行われる無料体験授業には、私も出講します。せっかく来ていただいたのだから、少しでも国語の面白さや読解の方法を伝えたいと思い、気合いが入ります。親御さんも同席されているし、初対面のお子さんたちだし、普段の授業とはまたちがった緊張感もあり、ひとつの授業が終わるごとにけっこう汗をかいてしまいます。

すでに塾での学習経験があり、解答の書き方などにある程度習熟しているお子さんもいれば、問題用紙とは別に解答用紙がある、ということにすら面食らってしまうお子さんもいます（学校のテストなどは、問題用紙中に解答スペースがあるのが普通なので）。

3年生の秋の時点で中学受験を意識することはなんだか早いように思えますが、**学習内容が膨大であることを考えると、適切なスタート時期**ではないかと思います。

低学年のうちにやっておくべきことは？

▽塾に通わせる？　通わせない？　家庭学習のポイントは？

6年生になったときに後悔しないために、4年生になるまでに何をしておけばよいのか、塾に通わせたほうがいいのか、家庭学習はどうすればいいのか、よく質問をいただきます。

4年生までに最低限身につけておかなくてはならないのは、学習面では**「計算力」**と**「文を読む力」**、そして、**漢字を含む「言葉の力」**です。あとは**「人の話を聞ける子」**に育てておくことが大切です。

これらを身につける場として、まずは家庭が大切であることはいうまでもありませんが、そのうえで「塾」を上手に利用できれば、受験に向けていい学力を養えると思います。

早くから塾に入れるメリットのひとつは、お子さんに**学習の習慣がつく**ということでしょう。塾のカリキュラムがペースメーカーになるので、いったい何から手をつけたらいいのかわからない、と焦らずにすみます。お母さん方も、早くから受験情報にふれることができるのは大きいでしょう。

学習の習慣とペースづくりという意味では、**通信教育**も有効です。低学年のうちは学習内容もさほど難しくないので、ご家庭で十分指導できると思います。

また、塾を利用しないで、**自宅で塾のテキストを使って勉強を進める**ケースもあります。この場合、きちんと学習計画を立てて実行していかないと、立ち消えになったり、うまく進まなかったりするので、お子さん任せにはできません。親御さん主導で、決まったペースを保ちながら**淡々と進めていく**ことが大切です。

▽「考える力」をゆっくりしっかり身につけていこう

さて、いずれにしても、いちばん気をつけなくてはいけないのは、**低学年の勉強は「やらせすぎてはいけない」**ということです。低学年向けの学力診断テストなどもありますが、これでいい成績を取らせようと思ったり、悪い成績だからと焦ったりするのはまちがいです。

低学年のうちにしゃかりきになってやらせすぎると、**肝心な5、6年生で息切れし、もたなくなってしまう**のです。これが、早くから受験のレールに乗せるうえで、もっとも難しいところなのです。

たとえば、3年生のテキストに、4年生並みの慣用句一覧表が載っていたりします。こんなものはまだ覚える必要はなく、**「こんな言葉があるんだ。面白いな」**と思ってくれれば十分なのですが、すべて暗記させようとスパルタ教育をしてしまうお母さんもいらっしゃいます。

私は3年生のクラスでも教えており、みなさん、桜蔭、豊島岡《としまがおか》、普連土《ふれんど》、立教女学院、開成など、さまざまな学校に進学しています。

振り返ってみると、開成や桜蔭、豊島岡などの**難関校に合格したお子さんたちは、きわめてマイペース**でした。親から無理にやらされていたのではなく、**面白いから、やりたいからやるという感じ**で、よく勉強していたお子さんもいれば、のんびりやっていたお子さんもいました。3年生のときの成績も、いい子もいれば、そんなによくない子もいました。

低学年のうちは、やらせればやらせるだけ、点数も上がっていきます。そこで、親御さんにも気合いが入るわけですが、「こうすればできるでしょ」というハウツー的な教え方でやっていくと、**5年の夏ごろから失速**します。もう伸びなくなってしまうのです。低学年から「点数を取ること」に振り回され、即物的な学習しかしてこないと、**お子さんの考える力が育たず、6年生になる前に限界点に来てしまう**のです。

6年生まで長丁場になるわけですから、あまりに早くからお尻をたたくと、入試の前に**「伸びきったゴム」**になってしまいます。この点を十分気をつけないと、早くから塾に入れたことが裏目に出ることになります。

▽6年の上位生は4年生までどんな勉強をしていたか

今年度も桜蔭特別コースのお子さんに、4年生になるまでどんな勉強をしていたか、アンケートをとってみたところ、例年と同じように、最も多いのが併設する低学年コース（リトルスクール）を受講していたお子さんでした。**全体の4割**ほどです。

４年生まで**公文式**や他塾に通っていたというお子さんもいます。公文式の算数では、タイムを計りながら、基礎的な計算を大量に反復練習します。基礎的な計算力がなければ応用問題もヘチマもありません。四谷大塚の算数科講師に聞いてみても、計算力をつけるための公文学習については肯定的です。ただし、小学生の範囲までにとどめておいたほうがいいようです。

国語についても、公文の教材はいいと思います。漢字の学習と、文章を読ませて文中語句を書きぬく形で問題に解答させるという形式ですが、へたな読解問題集をやるよりずっといいと思います。低学年の間の国語学習として、**公文はおすすめ**できます。

ただし、公文だけを単独でやっていたというお子さんは見あたらず、みんな**他の教材やリトルスクールと併用**していたとのことでした。

ベネッセの『**チャレンジ**』（進研ゼミ小学講座）も、低学年用の教材として定着しているようです。最近は、中学受験組に対応できるよう、『チャレンジ』もさまざまな工夫をしています。これだけで「十分」ということはありませんが、マイペースでできる自習教材として、よいと思います。わが家の娘も、２人ともやっていました。

低学年の学習のポイント

▷身につけておきたい力は？

①計算力　②文を読む力　③言葉の力（漢字など）

④人の話を聞く力

▷注意点は？

①「やらせすぎ」はダメ

➡5年生で息切れしてしまいがち

②「ハウツー的な教え方」はダメ

➡目先の点数を取ることより、「考える力」を育てることを目指す

4年生になるまで、どんな方法で勉強していたか

桜蔭特別コース（28人中、複数回答）

1位	併設の低学年用コース「リトルスクール」を受講していた	16人
2位	特に何もしていなかった（母親などによる家庭学習）	6人
3位	『チャレンジ』（ベネッセ）	4人
4位	公文式（全員、「リトルスクール」と併用）	3人
	他塾	3人

（2006年7月）

塾通いは低学年で始めたほうが有利って本当？

▽先手有利だが、塾通いだけが策ではない

入塾した時期が早ければ早いほど、6年受験時の成績がよいかというと、必ずしもそうとはいえません。今までお話ししてきたように、**上手に塾を利用できたかどうか**でちがってきます。塾任せにしすぎず、かといって、家庭でやりすぎることなく、うまくバランスをとってこられたかどうかで決まってくるでしょう。

うちの校舎の場合、4年生スタート時、併設の低学年コース（リトルスクール）を受講していたお子さんは4割くらいです。今まで塾のラインにのっていなくても、4年生から本格的に通塾を始めようという人がどっと合流するわけです。

38ページでもお話ししたように、早くから中学受験を意識し、**計算の基本**を身につけさせ、**語彙を増やす工夫**をしたり**読み聞かせ**をたくさんしたりして**文を読む力**をつけてきたご家庭のお子さんのほうが、**難関校への合格率は高くなります**。

要は、そのために塾を使うか、使わないかという選択の問題です。

ご家庭でこうした取り組みがきちんとできれば理想的ですが、お母さんが先生役になった場合、**どうしてもイライラして叱ってしまう**という事態に陥ってしまうのではないでしょうか。今日こそは叱らないぞと決心して、楽しく和やかなムードで勉強にとりかかっても、だんだん雲行きが怪しくなってきて……というのは、よくあることです。

親子で煮詰まってしまって、家庭学習の時間が気の重い、気まずいものになってしまうと、お子さんの学習意欲にとってマイナスになります。

塾など、外の教育機関に入れてしまえば、こうした煮詰まり状態を回避できますし、他のお子さんやお母さんと接点を持つことで、みんな悩みを持っていることがわかって、「ウチだけではないのね」と安心できるでしょう。

もっとも、他の優秀なお子さんと自分のお子さんとを比べてしまうのでは何にもなりません。うらやましく思えるような優秀なお子さんがいたら、妬むのではなく、そんなお子さんと交流できる幸運を喜んでしまうことです。**いい影響を頂戴できるのだから、ありがたく思ったほうが、ご自分のお子さんにとってもプラスになる**というものです。

▽塾ならではのメリットを生かそう

また、低学年向けのクラスに入れるメリットは、**家庭では準備しにくい教材**を使い、**知能遊びやパズル的な要素**を取り入れ、**相応の研修を受けた専門の講師**が授業をするため、家庭学習では得られない面白さがあるし、わくわく体験ができることでしょう。

うちの低学年コース（リトルスクール）の講師は、授業がうまいことで定評があります。超名門小学校の元教員など、かなりの実力者も講師陣に名を連ねています。大学生の監督員もアシスタントについて、細かいところまでていねいにケアしているし、廊下側から教室の中が見えるようなガラス窓になっているため、授業中のお子さんの気を散らすことなく、親御さんがいつでも様子をのぞくことができます。

送迎の保護者用の控え室もあるので、小さいご兄弟を連れた方でも、そこで待つことができます。授業時間は長くないので、お弁当を持参する必要もなく、ほかのおけいこごととの両立も可能です。**ピアノやスイミングに行くような感覚で通塾してみるのがよい**と思います。

ただし、多少の課題が出るので、それについてご家庭でフォローしてあげることは必要です。その際、無理をしないことが大切で、お子さんにとって難しすぎたり、量が多いように感じられるのであれば、**担当講師に相談して、調整してもらう**とよいでしょう。

早く始めるデメリットがあるとすれば、40ページでもお話ししたように、やり方によっては息切れを起こす場合があることでしょう。親があまり気合いを入れてやらせすぎてしまうと、肝心の高学年で、バッテリーが切れてしまいます。お子さんの苦手なところ、できないところを把握しておく必要はありますが、それを性急にカバーしようと思ってはいけません。**学年が進むうちに自然にできるようになることも多い**のです。

1、2年生から塾に通い、桜蔭や慶應などの難関校に合格したお子さんたちが口をそろえていうのは、**「低学年のころは遊び感覚で楽しんでいた」**ということです。

遊び感覚で、マイペースで、おけいこごとの一環として塾の勉強を楽しむ。

これが、低学年からの通塾をいい結果へと結びつける秘訣です。

なお、私が講師を務める四谷大塚お茶の水校舎では、通常のクラスとは別に、6年生の担当講師が3年生に受験向けの本格的な授業を展開するクラスもあります。4年生で学ぶ内容を先取りして教える、**飛び級のようなクラス**です。

学年が進むにつれて抽象的思考力が伸びてきますが、3年生になると個人差が目立つようになり、早いお子さんだとかなりこの力がついてきます。そうしたお子さんの知的好奇心に応えるためにつくられたクラスです。

早期から本格的な受験勉強を始めることについて、お子さんはどう受け止めているかというと、四谷大塚の場合、**喜んで通ってくれるお子さんが多い**ようです。ゲーム的要素はまったくなく、上級生と同じような形式での授業ですが、「本当の勉強っぽいところがいい!」のだそうです。一般の低学年クラスでは飽き足らなくなったお子さんには、こうしたクラスで学ぶのもいい刺激になると思います。

▽私が3年生の娘を塾に通わせていない理由

さて、わが家はどうしているかといいますと、3年生の次女には中学受験向けの勉強はまださせていません。やっているのは公文式の算数（これも、特に先に進んでいるわけではありません）とベネッセの『チャレンジ』だけです。

ただ、3年生向けに設定されている「サイエンス講座」という実験講習には、本人の希望があって参加しました。

実は、1年生の2月から新2年生のコースに入れたのですが、恥ずかしながら2カ月あまりで親子ともにギブアップしてしまいました。

私がフォローしてあげればいいのですが、どうしてもわが子のことは後回しになってしまいます。たまっていくプリントの束を見るにつけ、これは精神衛生上よくないと思い、退塾させてしまった次第です。

その子の個性や成長ぶりなどを考慮し、**お子さんが納得でき、満足して通えればいい**でしょう。でも、そうでないのなら、**いったん退いていい**と思います。4年生に再スタートを切ればいいのですから。

そんなわけで次女はほったらかしなのですが、自分で興味を持ったことはちゃんとやっているようで、漢字などは学年の配当表にないものでも自分で筆順を調べて覚えているようです。『チャレンジ』も、やりなさいといったことは一度もないのですが、ひとりで黙々とやっています。ローマ字もいちいち教えるのは面倒なので表だけ渡したら、パソコンを操作したさにひとりで覚えたようでした。

本も好きで、学校の図書室で読んだり、自分のペースで借りてきたりしています。セレクションは少々ユニークなものも多く（この前借りてきたのは、何を思ったのか、学研の「世界の子どもたちはいま」シリーズの『中国の子どもたち』『韓国の子どもたち』でした）、彼女らしいなと思うのです。

へんな言葉ばかり覚えてしまい、担任の若い男の先生のことを「K先生って、やさ男だよね」なんて言います。こんな言葉、私は家では使っていないはずなのですが……。

とどめが学童保育で誕生日のお祝いをしていただいたときのこと。学童の先生に「家族の夢は何ですか」とインタビューされ、「お母さんは三波春夫みたいになること、お父さんは、太陽の塔を作った人（岡本太郎）みたいになること」と答えたそうです（次女は大の「昭和好き」なのです）。

こんなマイペースな次女ですから、偏差値50以上の学校は厳しいように思います。でも、私には〝御三家〟信仰はないし（この仕事をしているとそうなります）、難関校に入れることが子どもの幸せにつながるとも思っていません。

個性的な子でもきちんと面倒を見てくれる、学費の高すぎない、雰囲気のよい学校。

長女のときとはまた違ったゾーンでの学校探しを始めることになりそうです。

「おけいこごと」はいつまで続けてOK？

▽5年生がひとつの考え時

おけいこごとがストレス解消になるからと、6年生になっても続けるお子さんもいれば、早々とやめて受験勉強に専念するお子さんもいます。

入試ぎりぎりまでバイオリンを続けていても、余裕で一番を取り続けていたお子さんもいましたし、6年生の12月まで水泳を続けていても、見事に**桜蔭**に受かったお子さんもいました。彼女のお兄さんは1月まで水泳を続け、**開成**に合格しています。

実際のところ、**5年生の間におけいこをやめるお子さんが多い**ように思います。塾の課題も多くなっていきますし、やることはいくらでもありますから。

おけいこをやることで**睡眠時間が確保できなくなるようであれば、即刻やめたほうがいい**でしょう。

要領がよくて短時間に勉強をすませることができるお子さん、あるいは、おけいこが楽しみで、

おけいこごとを続けるかどうかの見きわめポイント

ポイント1	睡眠時間が8時間以上、とれているか?	YES□	NO□
ポイント2	おけいこごとが負担ではなく、ストレス解消の手段になっているか?	YES□	NO□
ポイント3	5年生以上の場合、おけいこはひとつに絞っているか?	YES□	NO□

※以上はあくまで一般的な参考指標です。お子さんの状態を見ながら、ケースバイケースで考えましょう

そのために勉強も集中してやることができるというのであれば、おけいこはマイナスにはならないと思います。

ただし、続けるにしてもどれかひとつに絞るべきで、**2つのおけいこと受験勉強を並行してやってうまくいったという例は聞いたことがありません。**

3つ4つとおけいこをしている場合、継続可能なのは**4年生まで**だと私は思います。

5年生には、各教科とも入試に直結する大切な内容が本格的に入ってくるので、ここで抜けが多いと後々までひびきます。

きちんと**8時間以上の睡眠時間が確保できるかどうか**が指標になると思います。

理想的な通塾時間は？　遠距離通塾は不利？

▽望ましい通塾時間はどれくらい？　お弁当は？　お迎えは？

塾生の生活スタイルから考えると、通塾時間は**片道1時間以内が望ましい**と思います。ただし、帰りの電車が通勤客の流れと逆方向である、途中から必ず座れる、一緒に通える友だちがいるなどの好条件がそろえば、もう少し遠くても大丈夫でしょう。

1時間以上かかる場合は、途中まで友だちと一緒に帰る、途中の駅で会社帰りの父親と待ち合わせるなど、ひとりで帰らずにすむような工夫をする方が多いようです。

実際には、片道30～50分、**往復で1時間～1時間半程度というお子さんが大半**です。

授業日数は、四谷大塚の場合、4・5年生は土曜日を含めて週3日、6年生では平日3日と日曜日の計4日です。

平日の授業時間は、基本的に4年生は5時～7時40分、5年生は5時20分～8時35分、6年生は5時20分～8時55分となっています。

4年生はお弁当はいりませんが、おにぎりなどの軽食を持ってくるお子さんもいます。

5・6年生は、ほとんどのお子さんがお弁当を持ってきて休憩中に食べています。近所から通っている場合は、家を出る前に少し食べ、帰宅後にまた食べるようにし、お弁当は持参しないケースもあります。

授業が終わって帰る支度をするのに5分、10分とかかり、質問などしていると、さらに時間が過ぎていきます。帰宅してからは、学校の宿題や簡単なおさらいをするのが精一杯でしょう。疲れてしまい、帰宅後はお風呂に入ってすぐに寝てしまうお子さんもいます。

授業終了時刻になると、校舎のロビーにはお迎えの親御さんがたくさんみえます。

一方、子ども同士で連れ立って、にぎやかに帰宅していく様子も普通に見受けられます。道中、友だちといろんな話をしてストレス解消できるという楽しみがあるようです。ただし、このような場合でも最寄り駅までは保護者の方が迎えにいらしています。このご時世ですから、**通塾距離にかかわらず、迎えは一切しない、というわけにはいかない**でしょう。

▽1時間以上かかる場合に気をつけたいポイントは?

私の勤める校舎は都心にあるのですが、毎年何人か、千葉、埼玉はもちろんのこと、新潟、茨城、栃木などからも通ってくださる方がいます。

塾の週間スケジュール

	月	火	水	木	金	土	日
4年生	17：00～19：40		17：00～19：40			13：00～15：15	
5年生	17：20～20：35		17：20～20：35			13：20～20：00	
6年生		17：20～20：55		17：20～20：55	17：20～20：55		9：30～17：05

- 4年生（月）：お弁当はなし。軽食を持ってくる子もいます
- 4年生（土）：週例または月例テスト
- 5年生・6年生：お弁当を持参し、休憩時間に食べます
- 5年生（土）・6年生（日）：テスト＋通常授業
- 6年生（日）：9月～1月は17：45終了

※以上は四谷大塚の例で、４教科の場合
※週例・月例テスト時は解説授業がある

学校を終えて、すぐ着替えてかばんを持ちかえて、**新幹線**に乗って……。その大変さは想像するにあまりありますが、**車中で何をやるか計画的に決めて時間を有効活用する**など、上手に工夫をされています。授業中もいたって元気で、遠距離のハンデをまったく感じさせません。

車内では「暗記物をやる」「その日の授業で、できなかったところを復習する」「読書をする」なども有効ですが、「ひたすら寝て休む」というのもよいと思います。

往復で2時間もかかるとなるとすごく時間の無駄をしているような気になるかもしれませんが、他のお子さんも往復で1時間程度はかかっていますから、**実際はたかだか1時間程度のハンデ**でしかありません。**お子さんのコンディションを優先し、電車の中で無理に何かをやらせようとしなくてもよい**のではないかと思います。

通塾距離の関係で遅刻気味になったり、授業終了時刻よりも5分早く退出すれば都合のいい電車に間に合う、などの事情があれば、担当講師に話し、便宜をはかってもらうのがいいでしょう。

私のクラスでも、授業終了5分前に退出するお子さんがいましたが、講師のほうから「そろそろ支度をしたら」と声をかけて、配布物を先に渡していましたし、クラスのみんなも承知していて、「バイバイ」と手を振ったりしていたので、気後れすることもなかったようです。

▽鹿児島、日本海側、海外から塾に来るお子さんも

実は、うちの娘も遠距離通塾を経験しました。6年の春までは最寄りの校舎に通っていたのですが、私の担当クラス（女子最上位クラス）の選抜テストを受けたところ、すべり込み、**横浜から都心まで80分かけて通う**ことになったのです。

もっとも、この遠距離通塾は、転居によって2カ月で終わりました。東京の中学の受験を考えていたことと、私の通勤の事情が理由で、一家で都内に引っ越したのです。

以前、**月に1度の月例テストと保護者会**に参加するために、**鹿児島**から来てくださる、とてもすてきなご家族もいらっしゃいました（この保護者会は、親御さん向けに、次回からの学習単元のポイントなどを説明する無料の講習会です）。「楽しみにしているんですよ」と言っていただき、感激したのを覚えています。

桜蔭コースに合格して、日本海側から飛行機で授業を受けにきてくれるお子さんもいました。もちろん、全授業日というわけにはいきませんでしたが、夏期講習のときには、都内のウイークリーマンションにお母さんとともに滞在され、全日程参加してくれました。

今年は、海外にいらっしゃる方が、わざわざ選抜テストを受けにきてくれて、合格を機に、帰国を繰り上げて入塾してくれました。

そうやって、遠いところからも私たちの授業を受けにきてくださることを、本当にうれしく、ありがたく感じます。通ってよかったと思ってもらえるようにがんばらなくては、と思います。

途中で塾を変えるときに気をつけることは？

▽５・６年生の場合はカリキュラムの進度に注意！

各塾ともに、5～6年生で入試に必要なことをすべて網羅できるようにカリキュラムが組まれています。それは塾ごとに違うので、5年生以降に転塾するときには、重複する単元や不足する単元が何かを確認することが大切です。もし、**穴があく単元があるなら、そのフォローを転塾先の先生に相談したほうがいい**でしょう。

ただし、6年生の1学期終了時には、ひととおりの学習内容を終えている塾がほとんどですから、**6年生の7月以降**の転塾であれば、カリキュラム上の問題はないでしょう（そのため、大手塾に設定されている「○○中学特別クラス」などは、だいたいこの時期から開講します）。

▽４年生以下の転塾ではここに注意！

5年生になる前の転塾であれば、カリキュラムのことはあまり心配しなくてもかまいませんが、**学習システムの違い**にお子さんが戸惑わないよう、事前に親のほうでよく把握しておくべきです。

転塾は基本的にはしないに越したことはないのですが、今の塾にどうしても合わず、お子さんも転塾を希望しているという場合には、思い切って移ったほうがよいでしょう。また、難関校を受験するのに、まわりに自分と同じくらいのレベルのお子さんがいないときには、よりハイレベルな集団に入ってもまれるほうが、お子さんの力が伸びる可能性があります。

でも、合格者実績の数字だけを見て、「〇×塾に入れさえすれば、わが子も合格できるのでは」などと、安直に考えるのは禁物です。**お子さんとの相性をよく検討し、無理に転塾させない**ことが大切です。

個人指導塾と普通の塾、どちらがおすすめ？

▽それぞれの塾の特徴をつかんだうえで活用しよう

個人指導塾にもいろいろなスタイルがあり、1対1で指導をする場合もあれば、ひとりの先生が2人以上教える場合もあります。2人以上の場合、一緒に学ぶ生徒さんによって、授業内容の充実度が変わってくることもあります。

先生によって大きな実力差がありますが、集団指導タイプの塾で指導経験がある先生が教えることも多く、自分の苦手なところを集中的に教えてもらえるのが最大のメリットです。

一方、普通の塾に通うメリットは、同じ目的を持った他の子どもたちと接点を持てるということでしょう。友だちとおしゃべりをする、悩みを相談し合う、優秀な友だちから刺激を受け、切磋琢磨し合うなど、得られるものもさまざまです。

デメリットは、自分の理解の度合いと授業の進行が必ずしも一致しないことです。授業内容が物足りないこともあるし、逆に話を聞くのが苦手なお子さんだと、椅子を温めているだけ、ということになりかねません。集団授業ですから、どうしても個別のケアには限界があります。普通の塾に通っているお子さんが、**弱点補強や補習のために個人指導塾を併用することも多い**ようです。

中堅校はともかく、**個人指導塾だけで最難関校の合格を目指すのは大変**かもしれません。4教科ともに、かなり実力のある講師に教わらないと難しいと思います。中学受験では普通の塾に通うのが一般的ですが、物理的事情も含めて塾通いになじまないお子さん、集団授業では十分に理解できないお子さんであれば、個別指導塾という選択肢もありだと思います。それでも、塾で実施されているテストは受けたほうがよく、大きな会場でテストを受ける経験も必要です。

上がった！　下がった！　「クラス替え」の正しい受け止め方は？

▽「上位クラスに入れるのがベスト」とは限らない！

塾では、組分けテストの成績を基準にしてクラス分けが行われます。

誰でも上位クラスに上がればうれしいでしょうし、そうでなければがっかりすることでしょう。

でも、**レベルの高いクラス**に入ることが、すべてのお子さんにとって必ずプラスになるのかどうか、微妙な場合があります。

まだ基礎が確実に固まっていないのに、組分けテストで大ヒットが出てしまうと、上位クラスにぽんと入ることになってしまいます。

もちろん上位クラスでも基礎を確認しますが、授業のメインはより難度の高いものになるし、進むペースも速いので、常に集中して、どんどん話についていかなくてはなりません。

算数などでは、扱う問題のレベルが違ってくるし、国語も、まずは自分で力ずくで問題を解くことからスタートすることになります。

ここで、**「負けてたまるか！」**と奮起して、がむしゃらについてくるお子さんであれば、上位クラスに入ったことはプラスになります。

でも、そうでない場合があるのも事実です。

置いてきぼりにしないように、ノートを添削したり、個別に説明を補ったり、課題を出したり……と教える側もいろいろ試みますが、基礎に大きな穴があいていたりすると、状況は厳しくなってきます。

「まぐれでもいいから、上のクラスに入りたい」という気持ちもわかりますが、長い目で見れば、**じっくりと力をつけて上がっていくほうがよい場合が多い**のです。

▽どのクラスに変わっても、どっしり構えてプラスに生かそう

私の塾では、クラスが下がってしまうお子さんについては、公表する前に担当が電話を入れて、事情をお話しすることにしています。

また、当日のテストを大失敗して、いくつものクラスを飛び越えて移動しなければならないお子さんの場合には、配慮して、あまり遠くのクラスに行かなくてすむようにします。いきなり授業のレベルが大きく変わることは、お子さんのためによくないと考えるからです。

上位集団のいいところは、勉強に対する姿勢ができあがっていることで、真剣に学ぼうという意

欲に満ちているところでしょう。「朱に交われば赤くなる」で、上位クラスに入ったことでいい影響を受けるお子さんもいます。しかし、一方で、**その雰囲気にのまれてしまって萎縮してしまう**お子さんも、またいます。

以前担当していた1組は、授業内テストに対してても取り組みにものすごい迫力があり、まるで、肉片にかぶりつくライオンのようでした。

クラス分けのとき、算数の講師と「あの猛獣集団に加わってもやっていけるかなぁ」などと、新しく1組に入る生徒さんのことを、冗談交じりながら、ちょっと心配したものです。

上位クラスに入れたお子さんは、**くじけず、根性でついていく**ことを目標に。

目指していたクラスに入れなかったお子さんは、もう一度**基礎を徹底的に叩き直す**覚悟で。

どのクラスに変わっても、それを**プラスに生かせるように**、どっしりと構えてくれればと思います。

2章

合格を可能にする勉強法

合格するためには、
いつ何を学べばよいのか？

「勉強ができる子」に変わる勉強法

▽小さくてもいい、成功体験を味わわせよう

勉強のできるお子さんには、学力うんぬんの前に次の3つが備わっています。

● **集中力**
● **忍耐力**
● **根性**

まず、集中力について。次の項でも述べますが、上位生は単に集中力があるだけでなく、**「集中力がMAXになるまでのスピードが速い」**のが特長です。

次に忍耐力。勉強に忍耐力が不可欠なのはいうまでもないでしょう。難しい文章でもがまんして読まなければ読解などできません。そこで、つまらない、興味の持てない学習内容だからやりたく

ないといって放り出してしまったら、学習どころではありません。ゲームやマンガ、テレビなどもがまんしなければ、学習時間は確保できません。

最後に、根性。これは「何としてもやり抜く気力」です。忍耐を前提としたうえで、さらに自ら難しいことやつらいこと、楽しいとは思えないことに挑み、やりとげる意欲です。

模試やテストの結果などからもよくわかるのは、**中位生と上位生の差は「根性の差」でもある**ということです。たとえば国語であれば、対義語や漢字をコツコツ覚える、本文に戻って書き抜く箇所を探す……どれも面倒な作業です。**「面倒なことから逃げない強さ」が成績の差に通じる**のだといえます。

その根性は、いったいどうすれば身につくのでしょうか。

小さくても成功経験を持つこと。それがモチベーションを上げ、がんばる力につながっていきます。「ほめまくる」というのとはちがいます。**まぐれでもいいから**、とてもよいところがあったら、**すかさず高い評価をしてあげる**ことです。

▽本人に「解説させる」勉強法が効果的

さらにいうと、この3つに加えて、できる子には際立った**情報処理能力**、**論理的思考力**があります。

複数の事柄を整理し、それらの関係を筋道立てて考えられるかどうか。

国語に限らず、**すべての教科に共通して必要な能力**だと思います。

たとえば、「AがBからほめられたと言った。Cはうれしかった。」という文をまとめます。「Bからほめられたと A が言ったので、Cはうれしかった。」とすればよいのですが、国語苦手組は「Bからほめられたので、Cはうれしかった。」とやってしまいます。まちがいを指摘されても、どこがちがうのかわからなかったりします。

2つの事柄までは処理できても、3つになると、こんがらがってしまうのです。

これを克服するには……？

本人に、解法を説明させるのがいちばんよいと思います。

模範解答とまちがえた答えを見比べて、どこがちがうか、どこがいけないのか、とにかく**自分で気づいてもらう**のです。

声に出して言わせることがポイントです。それには誰かがそばにいて「**うん。うん。なるほど**」**と聞いてやる**必要があります。

ノートや解答解説を開いて、それを見ながら説明してよいのです。頭に入れた情報を自分の口でアウトプットすることに意義があります。こうすることで、**筋道を立てる力**が養われていきます。

口で説明できるようになったら、書かせてみてもよいでしょう。ただし、あまり時間と労力をかけすぎないよう、解答用紙にコメントを書き込む程度で十分です。

子どもをトップレベルに引き上げる「集中力」の鍛え方とは？

▽「ラストスパート」よりも「スタートダッシュ」が決め手

最上位クラスの子どもたちに共通しているのは、**「取りかかりが速い」**こと、そして**「集中力がMAXになるまでが速い」**ということです。この2つのスピードが、ほかのクラスと比べると抜群に速いのです。

「よーい、ドン！」の直後の瞬発力を鍛えると、加速もうまくいって、**解くペースそのものが速くなります。**

テストでも家庭学習でも、なんとなく取りかかるのではなく、まずは気持ちを落ち着けて、頭脳にエネルギーを集めていき、それを「始め！」とともに一気に噴出させます（ちょうど「宇宙戦艦ヤマト」の波動砲のようなイメージです）。

▽スタートダッシュの力を鍛える勉強法

お子さんに「早くやらなきゃ」という気持ちになってもらう方法のひとつが、机間巡視をしながら、解答を書き終えたお子さんの答えにどんどん○をつけていくやり方です。「競争だよ」なんて、あおる必要はありません。お子さんたちは指導者に**○をもらうのが大好き**ですから、○ほしさに、われ先にとものすごい勢いで書き始めます。最初に鉛筆の音を立てたいというのもあるようですし、他の机からコツコツという音が響き出すとスイッチが入るようです。

問題を解く時間に、**短い制限時間をもうけるのも手**です。これは家でもできるので、やってみてください。ただし、難題ではなく、手こずらない、つまり時間がかからない問題を選ぶこと。いったんやった問題の「解き直し」や計算、言語要素など、テンポよくできるものがおすすめです。

授業でも、授業でやった記述問題の「解き直し」作業に「2分でやってね」という制限をつけたりしています。解説済みで解答のヒントも与えてあるので、作業としては、さほど難しくありません。新しい解答用紙を配り、こちらに記述問題を書き直して、提出してもらいます。これもまた、食らいつくようにして必死にやってくれます。

すばやくやることで、**集中力も自然と養われていきます**。スタートダッシュの練習は、**短い時間で大量の問題を解かなくてはならない入試を突破するために欠かせない**ものだといえるでしょう。

実力アップの秘訣は「まちがい」を消去しないこと！

▽「まちがいを大切にする子」が伸びる

お子さんは、まちがえることに対して意外と臆病です。答え合わせをしていてまちがっていると、消しゴムで消して書き直して○をつけてしまうお子さんがたくさんいます。

「まちがいは残しておいて、赤ペンで修正しなさい」と何度アドバイスしても、クセになってしまっていて、なかなか直りません。特に**中学年**のお子さんがそうです。

しかし、自分がまちがえたところは、**弱点をつかむうえで大切な資料**となります。また、まちがえたくやしさがバネになって、二度と同じまちがいをしなくなればしめたものです。

トップ校に合格していった多数の卒業生たちは、**徹底したまちがい直し**をしていました。また、入試をひかえた1月には、今まで自分がやってきたテストやプリントの答案に目を通し、「半年前はこんな簡単なところをまちがえていたんだ」と自分の軌跡をふりかえり、「成長した自分」を確認して**自信を深めていた**ようです。

入試本番で最高の答案を書くために、今の修業があるわけですから、たくさんまちがえて、弱点を知って、入試までに修復すればよいのです。まちがいを消してしまっては、それができなくなってしまいます。

「**まちがいは〝恥〟ではなく〝大切な資料〟**だから、消さないでとっておきなさい」

「今のうちにたくさんまちがえておいたほうが、**悪いところを直していける**からいいんだよ」

授業では、そんなふうに折に触れて話すようにしています。ご家庭でも、お子さんにそう声をかけていただけたらと思います。

また、**まちがいを気にしすぎると、記述問題もなかなか書けなくなってしまいます**。とにかく書いていかなければ始まらないのに、まちがえるのが怖くて、書くのをためらうのが身についてしまうのです。これでは、伸びる力も伸びません。

正解へのこだわりは必要ですが、**まちがえたことを受け入れられる**だけの素直さとおおらかさもぜひ持っていてほしいと思います。

私は、クラス全員の名前を覚えたくらいの時期になると、「イの選択肢にだまされてしまったふつつか者は?」などと、あえて聞いてみます。

お子さんたちは、えへへと苦笑いしながら手を挙げてくれます。そうこうしているうちに、最初は自分の答えがちがっていると顔が引きつっていたお子さんも、だんだん自分のまちがいと余裕で向き合えるようになってきます。こうなると、**問題への取りかかりも速くなってくる**のです。

テストの点数は上手につき合ってこそ、成果に直結する

▽テストの点数は「資料」と割り切ろう

どんなときでも、わが子が塾から持ち帰ったテストの点数を冷静に受け止め、頭ごなしに叱らない。「そうするべきだ」とわかってはいても、実際にそうするのは難しいことです。

つい叱りすぎてしまったり、責めすぎてしまったり……。かえって逆効果だったり、後悔したりすることがわかっていても、一生懸命なあまり、つい怒ってしまうものです。

これを防ぐいちばんの方法は、親も子も、**「テストの点数・成績は、ただの資料なのだ」**と割り切ってしまうことです。そのテストについて、あなたの出来具合はこれだけでしたよ、というひとつのデータにすぎないのだから、**「ああ、そうだったんだ」と受け止めるだけでいい**のです。そのうえで、**「どこが苦手なのか」をチェックすれば、それで終わり**です。

たとえば、国語のテストで「慣用句」の成績が悪ければ、そこが弱点だから夏休みは「慣用句」をがんばろう、という課題を見つければ、それでいいのです。

健康診断の結果と同じです。旦那様の「中性脂肪」の数値が高かったからといって、「何をやってるの！」と叱る奥様はいないでしょう。今後の健康管理に役立てる資料として受け止めているからです。

逆に、「血糖値」の「成績」がよければ、「ああ、よかったね」と素直に喜べばいいのです。

スポーツ選手が試合当日にベストコンディションに持っていくよう調整するのと同じで、**すべてのデータは入試本番のため**にあります。

毎回のデータで親のほうがおろおろして、お子さんを攻撃してしまったら、お子さんは伸びなくなってしまいます。前進しようとするお子さんの足を、蹴飛ばしてはいけません。

特に3、4年生の親御さんは気をつけてあげてほしいと思います。親子でテストの点数と正しいつき合い方をしていないと、その後に大きく影響してくるからです。3、4年生の間に刷り込まれた学習習慣や態度が、後々まで尾を引き、修正、矯正が難しくなってくるのです。

素直に親や教師の言うことを聞き、その期待に応えようとするのが中学年の子どもたちです。この時期に、親子で〝点数の亡者〟になって目先の点数だけを求めてしまうと、**学習の本当の意味、学ぶことの〝本質〟がわからない子になってしまいます。**

点数はひとつの結果、データにすぎず、**目的にはなり得ません。目的は、あくまでも「学力をつけて入試を突破すること」**です。このことを親子であらためて確認し、点数とのほどよいおつき合いを身につけていくことが大切だと思います。

中学受験では「抽象的な思考力」がカギ！

▽「抽象的な思考力」とは？

3年生の保護者会で、クラスの現状や、夏休みの過ごし方などをお話ししたときのことです。

私は他教科の担当者の話を保護者の立場で興味深く聞いてしまうのですが、あるときも算数科講師（若手ながら、うちの塾で最も多くの生徒をかかえている気鋭の講師です）の話を聞いていて、ふーむと思うことがありました。

計算はみんなそこそこできているのに、**図形を苦手とするお子さんが増えてきている**そうなのです。

たとえば、「角度」の概念を教えるのがひと苦労だそうです。同じ∠ＡＢＣであっても、うんと内側に弧《こ》を描いて大きさを示した場合と、外側のほうに弧を描いて大きさを示した場合とでは、後者のほうが弧が大きいために角度も大きいと考えてしまうらしいのです。

また、４年生で「面積」と「まわりの長さ」の問題を混同するお子さんも多くなっているということです。

普通の長方形や正方形の面積、長さの問題は解けても、一部が欠けている形になると、「面積」なのに、「まわりの長さ」を求める方法と同じやり方で図形を変形させて考えてしまうそうです。

百マス計算や公文式がはやっていて、熱心な親御さんも多いのですが、そうしたものだけでは図形は学べません。「計算」は必ずできなくてはいけないので、公文式をある程度までやっておくことはとても有効なのだそうですが……。

また、**文章を読めないために文章題が解けないお子さんも多い**ということです。これは前から指摘されていることではありますが、ちょっと複雑な問題で、**設問文そのものが長いと読み切れない**のだそうです。

それでもまだ「500円持っていて、ひとつ120円のりんごを……」というような具体的なイメージを描きやすいものはいいのですが、5年生あたりから学ぶ、「○○を1としたときに……」というような抽象的な操作がかなり厳しくなるようです。

漢字も、**4年生からは、抽象概念を表す言葉がぐんと増え、差がつき始めてきます**。

また、読解で苦戦するのも「モンシロチョウの生態」のような説明文よりも形而上学的なテーマの論説文のほうです。たとえば、「社会とは何か」「豊かな人生を送るための個のあり方」「文化を支えるものは何か」といった、哲学的な内容のものになると、**実体験や実生活と照らし合わせることができない**ため、さっぱり歯が立たないというお子さんも出てきます。

具体物から卒業して、**抽象概念の世界へすんなり入っていけるお子さんのほうが有利**なのはまちがいないでしょう。

▽「抽象的な思考力」を鍛える勉強法は？

それでは、抽象概念の世界へ入っていけるようになるには、どんな手だてがあるでしょうか。

それは国語の場合、**「どうして○○は～なんだろう」「△△とは、どういうことだろう」**というような問いかけと答えを身近なものからつくってみる、というのもひとつです。**抽象的な思考は、結局は言葉でする**のですから、言葉によって何かの**理由づけ**や**説明**をしてみるというのは、いいトレーニングになります。

次女が3歳のとき、「ねえママ、誰かを好きってどういうこと？」と聞かれて困ったことがありましたが、こんな問いかけでいいでしょう。

「正解」なんて出せなくてもかまいません。そのとき次女には、「一緒にいたいなぁって思うことじゃないかな」と答えたように思います。

「ほんとうの親切とは何か」「友情とは何か」などというのは**意見作文**として出題されますし、**面接の問答**にも役立ちそうです。こんなトレーニングを授業でも実践しています。

また、「どうして勉強するのだろう」ということについて親子で会話してみるのもいいのではな

「抽象的な思考力」を育てる勉強法

▷国語

①抽象的な問いかけをし、答えさせる
　例「ほんとうの親切とは何か」「友情とは何か」
②論説文を読む
　➡岩波ジュニア新書、ちくま新書、社説、天声人語など

▷算数

①図形の問題は、実際に具体物を用いてやってみる
　➡展開図、立体図形を作ったり、野菜で断面を見せたりする
②図形以外の問題も、「図」にして整理し考える
　➡「手」を使って描いたり、操作したりする経験が大切

いかと思います。「社会に出てりっぱな人になるため」という答えが出れば、「今の社会はどんな社会なのだろう」「りっぱな人ってどんな人だろう」という**新たな問いかけ**ができ、**思索が広がっていく**でしょう。モチベーションを高めることにもつながるかもしれません。

あとは、**論説文を読む**ことです。最初は少しでいいので、**岩波ジュニア新書**、**ちくま新書**などから面白そうな新書を探して拾い読みしてみたり、**新聞の社説や朝日新聞の「天声人語」**欄にトライしてみるのもいいでしょう。

内容が読み取れたかどうかは二の次でかまいません。**まずは接すること**です。接するうちに、抽象概念を表す言葉にも慣れてきて、なんとなくわかるようになってくるものです（「天声人語」の要約などをさせる必要はありません）。

算数の場合はどうなのか、算数科講師に聞いて

みました。

前述したような図形の問題では、**実際に具体物を用いてやってみる**のがひとつの手だということです。展開図、立体図形なども、**一度、実際に作ってみる**とよいそうです。立体図形の切断面などは大根を切って見せるとよい、というので私もやったことがありますが、あとは、それを頭の中でもできるようにしていけばいいということでしょう。

図形以外の問題でも、「図」にすることで具象化をはかり、整理することがポイントになるようです。「手」を使って操作したり、描いたりする経験を積み上げることで、脳内のシナプスを連結していく、ということになるでしょうか。

算数にしても、国語にしても、まずは**具体物、具体的な事象をちゃんと処理できることが、抽象的思考の基盤になる**といえるでしょう。

効果的な家庭学習のコツ

▽家庭学習のテーマは「演繹力《えんえき》」をつけること

お子さんたちは、授業中、一生懸命聞きますから、そのときは「なるほど」とわかります。ところが、自分ひとりで実際に問題を解くときに、学んだことをなかなか活用できません。「わかること」と「できること」はちがいます。それが典型的に表れるのが「算数」でしょう。

授業で聞いたことを〝自分の力〟として使えるかどうかは、「演繹する力」があるかどうかです。

家庭学習のツボはここでしょう。

教わったことを何度も反芻して、自分の頭に刷り込むこと。

具体的には、それぞれの**問題の解法を、メモや走り書きでもいいから、「コメント」するつもりで書き込むとよい**のです。

たとえば国語の場合、ウという選択肢が正解であるなら、問題用紙に「○行目と同じ」「ℓ3〜ℓ5と同じ」などと書き込み、イが×なら、ちがう部分に線を引き、×印をつけて「本文に書かれていない」などとメモする作業です（83ページ「問二」の書き込み例を参照）。**復習**の際にこうした作業をきちんとしておけば、テストのときに自分でその技術が使えるようになってきます。

国語が苦手なお子さんは、何も書き込まずに解く傾向があり、問題用紙がまっさらです（あるいは、やみくもに線が引いてあって、どこがポイントなのかわからなくなっていることもあります）。

国語だけが4年生のときからずっと苦手、というある生徒さんに、「正解するまで何度も提出する」という約束で、課題を出し始めました。**文章をおおざっぱに読み流す傾向**のあった彼女でしたが、1カ月ほどで「コメント」も「書き込み」もできるようになってきました。

ついに、次の週例テストでは、**最上位のコースで1700人中なんと3位**という成績を取りました。彼女の頭の中で、「論理的読解」の回路がつながり始めているのかな、と思いました。

努力と根性で国語も伸びる、ということを確信させてくれるうれしい事例でした。

こうした「書き込み」や「コメント」をメモする作業のやり方の具体例を82〜83ページに載せたので、参考にしていただけたらと思います。

▽どの科目でも武器になる「論理的な読解力」の身につけ方

ちなみに、**「論理的に読む力」は、どの科目においても出来を左右する、重要な力です。**

勉強法

ところが実際には、「Aが原因でBという結果が生じ、今度はBが原因となってCが起きる」といった因果関係の流れを意識せずに、ただ本文を流し読みしてしまうお子さんが少なくないのです。因果関係だけでなく、AについてBでくわしく説明し、さらにCと言いかえて……というような、内容的に**「A＝B＝C」**となることについても、気づかずに読んでいる傾向があります。

家庭学習の際、あるいは読書する際には、こうした点に気をつけて文章を読むようにすること、多少読むのに時間がかかっても、**読み流さずに論理的に読むクセをつけていく**ことが大切です。

▽6年生後半になったら、親は後方支援に徹しよう

もうひとつ、家庭学習のポイントとして、「親の関わり方」の問題があります。

「中学入試は親子二人三脚で」といいますが、それは、**6年生後半**になっても学習内容に親が積極的に首を突っ込み、口をはさむという意味ではなく、**家庭で後方支援をしっかりする**、という意味なのです。

もちろん、お子さんから**質問**されたことについてはどんどん答えてあげていただきたいですし、一緒に**調べ物**をするのもいいでしょう。

でも、親のほうが受験勉強の面白さに目覚めてしまって、マニアックパパ（お父さんのほうがハマりやすい傾向にあります）になってしまうのは、下手をすると**お子さんをかき回して終わり**になっ

てしまいます。

算数の場合、親御さんが「数学」を持ち出して指導したために、**入試算数独特の思考法**が育たなかったという例もあります。

私の担当する**国語**でいえば、親御さんに支援していただきたいのは、言語要素や漢字の**反復練習の奨励**と**その〇つけ**くらいで、あとは、**返却された答案を必ず見て、お子さんがどこをまちがえているかを把握**しておいてくだされば十分なのです。

また、**理科**の講師によれば、家庭でやたらに「理科は暗記すれば点が取れるんだから、とにかく覚えなさい！」と、暗記を奨励されてしまうと困るということです。

ちょっと意外な感じもしますが、大切なのは、ことがらの断片を頭に突っ込むことではなく、**「なぜそうなるのか」「どうしてそうなのか」を系統立てて考えられるようにする**ことだそうです。すじみちさえきちんと理解できていれば、無理に暗記しようなどと思わなくても、自然に頭に入ってくるものです。**理科的なものの見方を養う**のはプロである講師の仕事で、親としてすることは、お子さんがどんな勉強をしているのかを知っておくことと、基本的な**知識の点検作業**を手伝うくらいでしょう。

社会科でも同じことがいえそうです。同僚の社会科講師は、娘さんの地理対策のために、食卓のビニールマットの下に日本地図をはさみ、たとえば、夕食のピーマンが茨城県の鹿嶋産であれば、地図で位置確認する、というような取り組みをしたそうです。ここまでしないまでも、せめて、**リ**

勉強法

1 森林破壊が大きな問題となっていますが、森林が大切であることはみなさんも知っていますね。

問一 では、森林はどんな働きをするのでしょうか。

2 まず、森林には酸素をつくり出すという働きがあります。森林は、光合成をするときに、空気中の二酸化炭素を吸収して、かわりに酸素をはき出すのです。

3 二酸化炭素は、地球温暖化の原因であるといわれていますから、酸素をつくる働きは、同時に、地球温暖化を防ぐうえでも役に立つといえそうです。

4 次に、森林には、水をたくわえるという働きもあります。森林の土は、スポンジのように水をたくわえることができるのです。そのため、大雨が降っても、水はいっぺんに川に流れ込むことなく、森林の土に吸い込まれ、少しずつ川にはき出されます。もし、森林がなければ、一度に流れ込んだ大量の水で、洪水が起きてしまうでしょう。

5 また、草や葉や根、動物たちのふんや死体は腐って土になります。森林は豊かな土をつくり出す働きもしているのです。

6 さらに、わたしたちの生活のさまざまな場で使われている木材。これも、森林が生み出してくれるものにほかなりません。

7 このように、森林は私たちが生きていくうえで、なくてはならないものを恵んでくれます。だから、森林は大切なのです。

＝
2 酸素 4 水 5 土 6 木材

問題用紙への「コメント」や「書き込み」のコツ

問一　本文全体の話題は何ですか。次の□にあてはまる言葉を、文中の言葉を使って答えなさい。

五字　について

森林の働き（ℓ2より）

問二　「酸素をつくる働きは、同時に、地球温暖化を防ぐうえでも役に立つ」とありますが、なぜですか。最もふさわしいものを次から選び、記号で答えなさい。

ア　森林がつくり出す酸素は、地球温暖化の原因となる二酸化炭素を吸収するから。　×　酸素が吸収するわけではない

イ　森林が酸素をつくり出すときに、空気中のよけいな熱を吸収し、温度を下げるから。　×　書かれていない

ウ　森林が酸素をつくり出すときに、地球温暖化の原因となる二酸化炭素を吸収するから。　＝ℓ3〜ℓ5

問三　次の文は本文にあったものです。どの形式段落の最後にもどせばよいですか。段落の番号で答えなさい。

一方、日照り続きでも、森林がたえまなくはき出してくれる水のおかげで川が干上がらずにすむのです。　⇐　答えは4

ℓ8大雨と対比　＝ℓ9　ℓ10洪水と対比

問四　「このように」とは、どこからどこまでを受けていますか。段落の番号で答えなさい。

「このように」の後をまずは読む!!

「恵んでくれるもの」が挙げられているのは、2〜6

ビングルームに常に地図帳を用意して、ニュースで出てきた地名などは、その都度、どこにあるのか一緒に調べるようにすると地理に強くなりますよ、ということでした。そのうえで、衆議院の議席数だの、議員の任期などの暗記ものは、お子さんと対話しながら**クイズ形式でチェック**するなどの手伝いをするといいのではないかと思います。

6年生後半は、志望校にターゲットを絞り、過去問もやりながら**「実戦力」を高めていく時期**ですが、「つい子どもに解法を指導したくなったり、強く叱ったりしてしまう」という親御さんは、一度、ご自分で過去問に挑戦なさってみるといいでしょう。

その難しさがわかって、適度な距離でお子さんを見守ることができやすくなると思います。少なくとも、お子さんの出来具合を頭ごなしに叱ったり、**ご自分流の解釈と指導法**をお子さんに押しつけたりするようなことはなくなることでしょう。

実際、私は、「特別クラス」開講初日、オリエンテーションとして授業を参観される親御さんたちにもクラスの生徒たちと同じように、桜蔭の入試問題を配り、解いていただくようにしています。桜蔭でよく出題される「表現説明」の記述問題と、主題とからめた、本文全体を総括するような記述問題の2題です。

この授業の目的は、〝桜蔭節〟とでもいうような、桜蔭入試独特のくせや、記述問題の解きにくさを、お子さんだけでなく、親御さんにも十分承知してもらうことにあります。同時に、親御さんにもその難しさを理解していただければ、後方支援に専念してくださるだろうと思うのです。

大人ですから、本文の内容はわかりますし、共感もできるけれども、設問の意図がとらえにくく、いったい何を答えればいいのか戸惑ってしまったり、答えはわかるけれど、「解答」としてどういうふうに文章化すればいいのか悩んでしまったり……。みなさん、そんなことを実感されるようです。そして、その後、解説授業を一緒に受けていただくなかで、指導は塾に任せようと納得してくださるのです。

受験生活スタート！　4年生では、いつ、何をする？

ここからは、どの学年ではどんな勉強をどこまでするのか、時系列で見ていきましょう。
まだ塾に通っていない方でも、受験生活がイメージできるようになるのではないかと思います。

▽春――まずは「通塾」生活に慣れよう

塾では、3年生の2月から4年生としてのカリキュラムがスタートします。まだ3年生なのに、塾では4年生という扱いを受けるので、その状況にまず戸惑ってしまうお子さんもいるようです。

2月と3月は、お子さんに多くを求めるのではなく、とにかく**「通塾に慣れる」ということを目標**にします。塾の課題を「いつ、どのようにやるか」ということも生活の中に組み入れていきます。

たとえば、四谷大塚では**「スタディプラン」**という1週間の学習予定表に何曜日に何をやるかということを記入してもらい、計画的に学習できるようにしています。

こうした表をつくるときに気をつけたいのが、**ゆとりを持たせる**こと。あれもさせようこれもさせようと盛りだくさんにするのではなく、たとえば、塾に行く日であれば、お子さんの体力に応じて家庭学習は免除する、というようなプランでもいいと思います。

▽家庭学習でしっかりやりたいのは「漢字」と「計算」

家庭学習では、どんなことをどれくらいすればいいでしょうか。

それぞれの塾で指示が出ると思いますが、家庭学習でしっかり身につけてほしいことの筆頭が**「漢字」と「計算」**でしょう。これらは、1日で集中して学習するのではなく、**毎日少しずつ、まんべんなくやるほうが効果的**です。歯磨きのように決まった時間に習慣として定着させてしまえば、後々楽になります。まだまだ作業に時間がかかる年齢ですから、**短い時間で処理できるように量を加減したほうがいい**でしょう。

▽塾の勉強は復習をメインにしよう

授業の予習復習をどうするのかは、担当講師の方針によりますが、**復習に重きをおく**のが一般的です。四谷大塚のテキストは「予習シリーズ」という名前がついているので、「授業前に予習をしなくてはならない」と誤解されることが多いのですが、「週例テストに向けての予習」という意味

勉強法

4年生の過ごし方のポイント

ポイント1　**通塾生活**に慣れる

ポイント2　計画的・継続的な**学習習慣**を身につける

ポイント3　**家庭学習**では、**漢字**と**計算**をしっかりやる
➡毎日少しずつ、まんべんなくやるのが効果的

ポイント4　**塾の勉強は復習**をメインにする

のネーミングで、平日授業の予習を要求するものではありません。

まったく予習をせずに、授業で初めて学習するほうが新鮮でよいという考え方もあり、「うちは予習を求めません」ということをセールスポイントにしている塾もありますが、そのぶん、復習をきちんとやらないと学んだことはしっかり定着しないでしょう。

算数では、授業をよりよく理解するための下準備として、例題や解説などに目を通したり、指定したいくつかの基本問題に挑戦してから授業に臨むように指示する講師もいます。

要は、お子さんが**授業時間を有意義に過ごせるようにすることが大切**です。一度説明を聞いただけでは理解できない、まわりのお子さんが優秀で授業の進度が速い、というようなときは、お子さんがへんな劣等感を持たないようにするために

も、ある程度の準備をして授業に臨むほうがいいでしょう。

ただし、くれぐれも設問の解法や答えだけを覚えさせるような予習はしないことです。「どんなことをやるのかな」「このあたりが難しそうだな」ということが大づかみできる程度で十分です。授業で教わったことを、ひとりでもできるようにおさらいするほうをメインにしてください。

私の国語の授業では、**本文の音読と意味調べ**だけをやり、設問は絶対に解いてこないようにと指示しています。**国語の場合は、問題の答えを出すのは二義的**なもので、授業の主眼は**「文章の精読」**にあります。答えを見てきてしまうと、お子さんはへんに安心してしまって、授業を熱心に聞けなくなってしまうのです。また、記述解答などは模範解答と同じように書いてしまうので、そのお子さんなりのクセや誤りを修正する機会が奪われてしまうことになります。国語の予習は、文がすらすら読めるようにしておくくらいで十分です。**復習は、できなかった読解問題の再確認と言語要素のおさらい**です。予習復習合わせて**30分程度**です。

理科や社会については、4年生のうちから暗記などに走るのではなく、**理科的な考え方、社会科の視点を養う**ことが重視されます。**授業が学習の中心**です。予習復習ともに、家庭でやることはさほど多くはないはずです。おさらいが中心となるでしょう。

▽1学期——自分なりの生活ペースがつくれれば十分

2、3月で十分できなかったところがあっても、春期講習で復習するので大丈夫です。4月になり、学校でも正真正銘の4年生になるころには、塾のある生活にもだいぶ慣れてきて、軌道に乗ってきます。

ただし、今度は4年生として学校生活のほうが変わってきます。4年生としての学校生活とのバランスをとるためのペースづくりが始まります。**わからなかったところはゴールデンウイークの休みに復習すればよい**のですから、**焦らずにペースづくりに専念**してください。1学期はそのペースを守って、楽しく塾に通えれば大成功です。

▽夏休み——勉強よりもいろいろな体験をしてみよう

夏休みに入ると、どうしてもそれまでと同じ学習量を維持することは難しくなりますが、それでかまいません。むしろ机上の学習よりも、いろいろな体験をするほうがお子さんにとってはプラスになります。ただし、**漢字や計算だけは継続**します。また、1学期の学習で**消化不良に終わった単元をじっくり復習する**とよいでしょう。

▽2・3学期——だんだん学習ペースを上げていこう！

2学期以降は、5年生に向けてだんだんと学習レベルが上がっていきます。体力もついてくるので、少し**学習時間を増やし**、サブテキストを学習サイクルに組み込んでみてもいいでしょう。ただし、無理は禁物で、手を出しすぎて収拾がつかなくなることのないように気をつけます。

2学期でよくわからなかったところは、冬期講習でフォローできます。冬休みも夏休みと同じで、計算や漢字を継続する程度で、あとは読書や自分の興味あることをゆっくりする時間に充てるとよいでしょう。

1月に4年生最後の組分けテストをして、2月から新5年生としてのカリキュラムがスタートします。

受験生活2年目！　5年生では、いつ、何をする？

▽受験勉強が本格化、「入試で闘うための土台づくり」の時期

5年生になると授業時間が長くなるし、**各教科ともに内容がぐっと難しく、入試に直結したものとなります**。4年生のころは、学習の習慣をつけることに大きな目的がありましたが、5年生では、もう一歩踏みこんで、**「入試で闘うための土台づくり」**が課題となります。

塾によってカリキュラムに違いがありますが、たとえば社会などは、地理、歴史分野のほとんどを5年生のうちに履修し、6年生前半で政治経済をやり、後半は時事問題と総復習という流れになります。そうすると、5年生のうちにきちんと基本を身につけておかないと、6年生で積み上げもできないし、総括もできなくなってしまうのです。「今やっていることの一つひとつが入試に直結するのだ」ということを心にとめながら学習に取り組めるとよいのですが、実は、いちばんにぎやかになりがちなのが5年生です。

5年生になると、通塾に慣れて余裕が出てくる一方で、勉強が惰性になりがちで、油断をすると

中だるみのような状態になります。６年生になると入試まで1年という意識が出てきて、真剣さがちがってくるのですが。

学習内容が難しくなると、知的好奇心が旺盛で、能力の高いお子さんは、いっそう興味を持って積極的に学習するようになるし、もともとお勉強がそれほど好きではないお子さんは、ギブアップ気味になってきて、**4年生のころよりも学力差が目立ってくる**ようになります。そんな5年生の過ごし方ですが、基本的な考え方は、４年生と同じです。

▽「自分ひとりでできる力」を育てていこう

2月から春休みまでは、新しいカリキュラムに慣れるための期間です。難度が上がるため、４年生のときのように点数が取れなくなることもありますが、ここでばたばたしてはいけません。健康に気をつけて、**塾にきちんと通うことができればよし**とします。ただし、宿題をさぼることだけは容認してはいけません。たとえ解答まで至らなかったにしても、必ずやらせます。

膨大な課題プリントを課す塾もありますが、これをこなし切れずに親子でへとへとになってしまうという話も聞きます。お子さんをつぶさないために、担当講師と相談し、必要最低限なものだけをチョイスしてもらうほうがよいでしょう。課題に追われてあっぷあっぷするのは、この時期に好ましいことではありません。

5年生はどんな時期？

▷「基本=入試で闘うための土台づくり」の時期

ポイント1 **授業は入試に直結した内容になる**
➡そこを自覚して授業に取り組む

ポイント2 **中だるみしやすい時期**
➡子どもの学習ペースをしっかり管理する

ポイント3 **学力差が目立ってくる**
➡あわてず、毎週の学習に取り組む

通塾のリズムができてきたころに春休みになりますが、5年生もこのときに積み残しの整理をします。特に、**算数のわからないところは要注意**です。新しいものに手を出すのではなく、既習の問題を何回も繰り返し、**教わったことを「自分でできる力」に**していきます。

4月。5年生になると、委員会活動も加わるし、学校に時間を取られることも多くなります。ここで気をつけたいのは、決して**学校をないがしろにしない**ということです。学校はお子さんの生活の大部分を占める大切なところ。ここを軽視するのは、お子さんの成長にとって好ましいとはいえません。

そのため、4月から5月にかけては、新たなペースづくり期間になります。学習内容がいまひとつきちんと身についていなかったら、**ゴールデンウイークでやり直せばいい**ので、とにかく授業

5年生の勉強は？

※１年間の過ごし方は基本的に４年生と同じでOK

４年生２月　新「５年生コース」スタート

新生活に慣れる時期

↓

３・４月　春休み
春期講習

「積み残し」を整理。
特に算数は要注意

↓

５年生４月　小学校で新学期がスタート

新たなペースづくりの時期。
学校生活を大切にし、塾の勉強の消化不良はGWでカバー

↓

７・８月　夏休み
夏期講習

だれがちな５年生。しっかり親が管理することも大切。
読書習慣をつけておく必要もある

↓

９月　教科内容がレベルアップしていく

↓

12・１月　冬休み
冬期講習

をしっかり聞くことです。

夏休みを迎えるころには、通塾生活もすっかり軌道に乗ってきます。そして、夏期講習。ほとんどの塾が全日講習を何期間か設定していますが、ともするとだれてしまいがちなのが5年生の難しいところです。きちんと授業を受けてきたか、課題をやっているかを家庭でもテキストやノートをチェックするとよいでしょう。

夏期講習のない日は、苦手な単元のおさらいと、計算、言語要素の学習を続けます。旅行先にまで教材を持っていく必要はありませんが、丸々1週間鉛筆を持たなかった、活字にもふれなかったというのも困ります。読書したり、葉書をしたためたりなど、工夫するとよいでしょう。

▽秋からは授業が本格化、算・国のバランスに気をつけて

9月以降は、算数と国語がますますレベルアップしてきます。女の子にとっては、算数の勉強が苦しくなってくるかもしれません。男女で同じテストを実施すると、ほとんどの場合、算数は男子、国語は女子のほうが平均点が高くなります。5年生では男女別のテストになっていないので、算数のテストも男子の学力に応えられるようなレベルになっています。

特に、最上位コースでは、男子難関校に対応できるようなハイレベルな授業が行われます。理系の女子にとっては、男子と一緒に鍛えられることはおおいにプラスになりますが、そうでない女子

は悲鳴をあげかねません。こういう場合は、家での復習まで難問をやるのではなく、あくまでも基本的な問題を徹底的に身につけるようにしたほうがいいでしょう。担当講師と相談し、自分に必要なことは何かをしっかり聞いて、基礎をきっちり習得するべきです。

一方、受験勉強ではどうしても算数に時間を取られますから、**国語が知らず知らずのうちに手薄**になってきます。5年生のうちは問題のレベルもほどほどなので、たいして勉強をしていなくてもそうそうひどいめにあわずにすむのですが、6年生のレベルになるとそうはいきません。そこで、6年生になったとたん**「急に国語ができなくなった」**と青ざめる受験生が大勢出てきます。

読解力をつけるために必要なのは**「語彙力」**と**「論理的思考力」**ですが、これを養うには**読書がいちばん**です。私の大先輩である国語主任講師は**「音読」「精読」「多読」**を推奨しています。国語が苦手だというお子さんの親御さんは口をそろえて「どうしても本を読みたがらないんです」とおっしゃいますが、だからといって「読まない」ままでいいはずがありません。1日10分、5～6ページでいいから、「お勉強としての読書」はさせなくてはいけません。6年生になってあたふたする前に、**遅くとも5年生の夏休みには、毎日の読書をスタート**させ、習慣づけするといいと思います。そして、徐々に、**新書が読めるように、説明的文章も与える**ようにするとよいでしょう。

受験本番！　6年生では、いつ、何をする？

▽新6年生のスタートをどう切るか？

2月、新6年生のコースが始まります。担当講師や通塾日が変わるだけでなく、授業時間数や課題も増えるので、お子さんたちにとっては大変な時期だと思います。それでも、4、5年のときと同じように、春休みまでにはだいたいペースがつかめてきます。そして、4月からは、6年生としての学校生活との両立を軌道に乗せる時期となります。

ただ、今までとちがうのは、春休み明けに「合不合判定予備テスト」が実施されることです。これは、四谷大塚が行う公開模試で、いわゆる「三大模試」のひとつです（170ページ参照）。まだ時期も早いので、この結果が入試の結果と直結するわけではありませんが、男女別のデータに基づき、初めて本格的な合否判定を受けることになります。受験生の動向と自分のポジションを知る、最初の機会といえます。これで、ぐっと入試が現実味を帯びてきて、のんびり気味だった新6年にもスイッチが入るのです。

さて、この**大切なスタート期**、何に重点をおけばいいでしょうか。

算数の講師とは常にいろんなことを話し合っているのですが、ひところのように**「算数さえできれば入試は制覇できる」とはいえなくなってきている**というのが共通した意見です。**「6年生前半までに、4教科の基礎固めをいかにきちんとできるか」が入試の合否を左右する**と思うのです。社会や理科の基礎知識もこのときに身につけなければ、2学期からの応用、発展に対応できなくなってきます。社理は暗記教科だから、2学期になって知識を突め込めばなんとかなるというのはまちがいです。

▽1学期――「基礎固め」を徹底しよう

6年の4月、5月から入試問題をやらせたほうがいいと宣伝する業者もいますし、それに賛同する方もいるかもしれませんが、これは、すでに基本が完璧に仕上がっているような一部の優秀生は別として、**時間と労力の無駄**です。

まだ、すべての単元を学習し終えてもいないのに、入試問題を解いたところで、ろくな点数が取れるわけがありません。自信を失うだけです。

あるいは、**慶應**や**筑波大附属**など難関校の入試問題が解けたからといっていい気になってしまうのもよくないでしょう。これらの入試問題は、中堅校のものより、ずっとやさしいのです。

出題傾向を知るためにパラパラと見てみるのは意味のあることですが、それを解くことで実力がつくと思うのは大きな勘違いです。

基礎的な知識や解法をきちんと身につけ、「基本レベルの問題なら確実に取れる」というところまで持っていくことを**前半の達成目標**とすべきでしょう。

具体的にいえば、**毎週の学習内容をしっかり習得する**ことに全力をあげるということです。そして、週例テストで見つかった「穴」を克服していくのです。春休みやゴールデンウイークは「穴埋め」に最適です。新しい問題に手を出すのではなく、これまでにできなかった問題を徹底的にやり直します。そのためにも、**週例テストは保管**しておきましょう。できなかった問題をコピーしてノートに貼り付け、オリジナルの**「弱点克服ノート」**をつくる受験生もいます（103ページ参照）。

ほとんどの塾で、**6年生の夏休み前に、すべての学習範囲を学習し終えます**から、この時点で穴の少ない受験生は、次の段階である「実戦的な発展学習」をいくらでも積み上げることができます。一方で穴だらけの受験生にその次のことを学ばせようとしても、大きな穴の中にむなしく落ちて消えるだけです。

極端な言い方をすれば、**入試問題は、取れても9割で、あとの1割は対策の立てようがない**ものです。そのため、どの教科も結局は、**「取れるべきところ」**で、**「いかに手堅く得点していくか」**で決まってきます。

6年生前半は〝筋力トレーニング〟をして基礎体力を養い、2学期からの練習試合に備える時期。

６年生前半の勉強法は？

６年生前半は「基礎固め」の時期

↓

達成目標　「基本レベルの問題」を確実に得点できるようにする

過去問にはまだ手を出さない！

↓

勉強法

①毎週の学習内容をしっかり習得する

春休みやGWは「穴埋め」に最適！

②テストは、基本問題を取れているかをチェックするための“資料”と割り切る

難問が解けなくてもバタバタしない！

テストも、基本問題がきちんと取れているかをチェックする〝資料〟だと割り切って、**難問が解けなくてもバタバタしない**ことが大事です。

▽6年生の夏休みの過ごし方は？

「天王山」などといわれる6年生の夏休み。でも、夏休みに何か特別に能力がぐんと伸びるというわけではありません。

夏休みは、今までやってきた内容を**もう一度基礎から復習し直して、でこぼこをなくす時期**です。**夏期講習ではある程度高いレベルの教材を使って、より実戦的な問題を扱う**と思うので、**家庭学習では、基礎基本の洗い直しをする**ことをおすすめします。

どの塾でも、基本をまとめたテキスト（四谷大塚では『四科のまとめ』といいます）などを販売していると思うので、それを使うのもいいと思います。**「1日何ページやり、何日間で仕上げる」という計画をきっちりと立ててしまう**のがポイントです。

また、四谷大塚では社会と理科について「サブノート」という基礎確認のためのワークブックを4年生から導入していますが、これをもう一度さらい直すという学習を奨励する講師もいます。

わが家も、**子どもが自分で「やること」を把握できるように**、夏休み40日分の課題表を作成しました。それに従ってやっていけば、「あれもこれもやらなきゃ」と親子で焦らずにすみます。

「弱点克服ノート」のつくり方（算数）

手　順

①「週例テスト」でできなかった問題を**コピー**する
②そのコピーをノートの**左ページ**に貼る
③**右ページ**に解答やポイントを書き込む

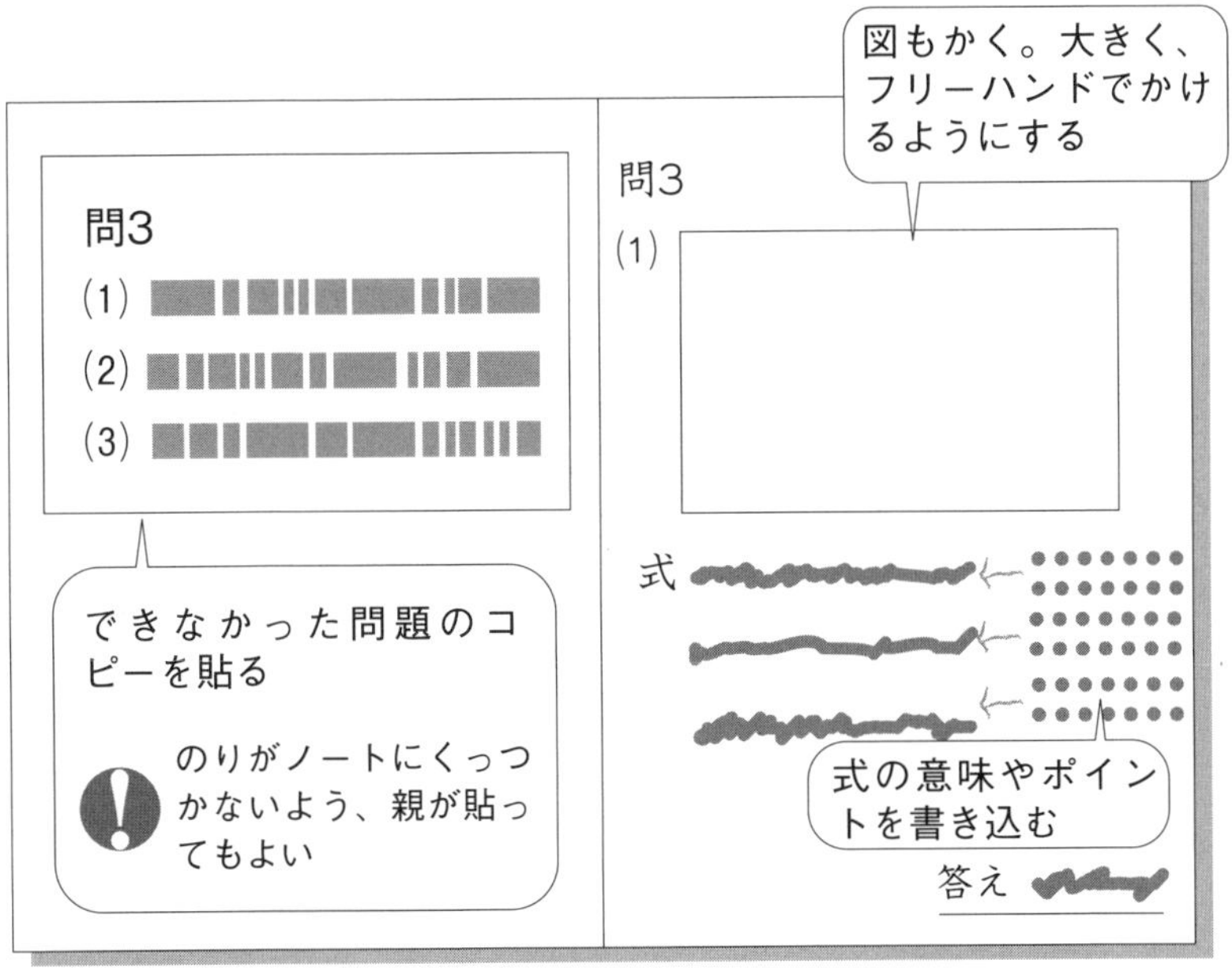
問3
(1)
(2)
(3)
できなかった問題のコピーを貼る
のりがノートにくっつかないよう、親が貼ってもよい
図もかく。大きく、フリーハンドでかけるようにする
問3
(1)
式
式の意味やポイントを書き込む
答え

ポイント

▷図や図形がかきやすいように**方眼のノート**を使うとよい
▷図を大きくかいたり、考え方を書いたりできるよう、ノートは**A4**がよい
▷ノート作りそのものに**時間をかけすぎない**よう気をつける

※「弱点克服ノート」をつくるのは、基本的に算数だけでよい

わが家の長女が受験生だったときは、算数は先生が細かい指示を出してくれていたのでそれに従い、社会と理科は塾の課題のほかに基本を総チェックする教材を入手して、毎日何枚とペースを決めて取り組みました。

その結果、夏休み後のテストでは、社会も理科も**偏差値は5ポイントほどアップ**しました。

夏休みで基礎を固めてしまえば、**9月以降、教材の難度をどんどん上げていくことができます**。基礎もできていないのに、夏休みに**過去問**をひたすら解いていたようなお子さんは、苦労だけはしたのですごく勉強した気にはなっているでしょうが、9月以降の成績が頭打ちになるか、じり貧となっていきます。

夏休みは背伸びをせずに、抜けている基本を埋めること。入試の結果を見ると、**結局は基礎基本をがっちり固めたお子さんが成功しているの**です。

▽6年生後半の勉強法は?

9月からは、これまで身につけた学習内容を点検しつつ、さらにそれに実戦的な力を積み上げていきます。塾でも、**過去の入試問題**(過去問)をベースにした教材を使用して、より複雑で、難度の高い問題を解けるように学習を進めていきます。

また、**毎月実施される模擬テスト**を受けて、本番の練習をしつつ、自分の弱点を確認していきます。だんだん教材やテストの難度が上がってくるので、わかったつもりではいたけれど、きちんと理解できていなかった単元・分野は、苦戦することになります。どこでつまずいているのかを突き止め、もう一度**基本事項を確認するなどして着実にフォローしていく**ことが大切です。それには、これまで使ってきた教材を見直したり、解き直したりするのがよいのですが、どこをやり直せばいいのかよくわからないときは、担当講師に相談してみるとよいでしょう。講師はオリジナルの教材を持っていたりするので、つまずきに応じてそれらをアレンジしてもらうのもいいと思います。

そうしてある程度穴が埋まってきたところで、**志望校の過去問にチャレンジ**します。時期としては、**10〜11月**のタイミングになります。遅いように思えますが、基礎も実戦力も身についていないまま過去問にトライしても、その成績が合否をうらなうものとはなりません。**問題の傾向と自分との相性などをはかる**のが過去問をやる目的のひとつですから、ある程度実力をつけてからやったほうがいいのです。

さて、この時期、最も多く聞かれるのは、**「成績に波がある」「問題の難度が上がると思うように解けない」**という悩みです。

成績に波があるのは、むしろ当たり前のことなのですが、それでも**理科や社会などは比較的安定させやすい**教科です。出題された分野によって成績に大きな差が出てしまうのであれば、弱い分野に重点をおいた学習をして、まんべんなく得点できるようにしておかなくてはなりません。

それに対して算数と国語はそのときの体調の影響も受けやすく、実力のある生徒さんでも、常に高得点を取り続けるのは難しいことです。特に国語は、文章との相性もあり、読みはずしたまま最後まで行ってしまい、まさかの大失敗をすることもあります。が、その逆もあって、授業内テストでは最低点を取ったお子さんが、次のテストでは最高点を取ってしまうなどということも珍しくはないのです。**主観を入れずに、書かれていることに忠実に解く**ことを、常に心がけることが必要です。

問題の難度が上がると思うように解けないという悩みについては、いろいろな原因が考えられますが、ひとつには、やはり基礎がまだ十分身についていないことを疑ってみるべきでしょう。理科や算数で、基礎的な問題がほぼ完璧にできるようになっている場合には、難度の高い問題と闘う練習をしていかなくてはなりません。それでも、正答率が10％を切るような超難問に何時間もかけるような学習法は避けるべきです。志望校のレベルに合わせた効率よい演習ができるように、講師にアドバイスしてもらうとよいでしょう。

センスやひらめきがないと解けないような問題は別として（こうした問題は中学入試においては減る傾向にあります）、問題の難度が上がるにつれて、一般的に、情報の整理が煩雑になり、答えを出すプロセスが複雑になります。面倒で複雑な作業に負けない**精神力**と**根性**、**思考するエネルギー**が足りないと、ちょっと難しい問題があるとギブアップしてしまいます。こうした面で問題はなくても、**情報処理能力**、**論理的思考力**などの不足が、壁を越えられない一因となっていることもあります。**難度の高い良問を、ある程度時間をかけて、自分の頭をフル稼働させて解く**時間を、家庭学習の中で確保しなければ、こうした力は伸ばせません。

６年生後半の勉強法は？

６年生後半は「実戦力」を高める時期

↓

達成目標　学習内容の“穴”をなくし、過去問で実戦力アップ

↓

勉強法

●**模試**（毎月）
- ▷本番の練習
- ▷弱点の確認と“穴埋め”

●**過去問**（10～11月）
- ▷出題傾向と自分の相性をはかる
- ▷実戦力をつける

●**難度の高い良問**（家庭学習）
- ▷時間と闘い難問を「捨てる」練習をすることも必要だが、難問と闘う力を鍛えることも必要

6年生の**11月、12月**ともなると、指定時間内に問題を解くことばかりに目がいってしまいがちですが、難しい問題を「捨てる」練習ばかりしていては、難問と闘える受験生にはなれません。**時間と闘う問題演習**と並行して、正解を出すまでとことん考える学習もしていくことが必要です。

私は、**正解するまでやり続ける**というルールで課題を出し、問題と解答用紙を同時に提出してもらっています。**まちがえたところには問題文にも赤入れをする**などのヒントを出して返却し、やり直してさらに出すようにしてもらっていますが、こんなやり方を家庭学習に取り入れてみるのもひとつの方法だと思います。

入試直前の勉強の仕方については236ページでも述べますが、**既習の教材の反復、点検が原則**です。難度の高いものに手を出して、自信を失うよりはスタンダードなものをきちんと押さえておくほうがいいでしょう。

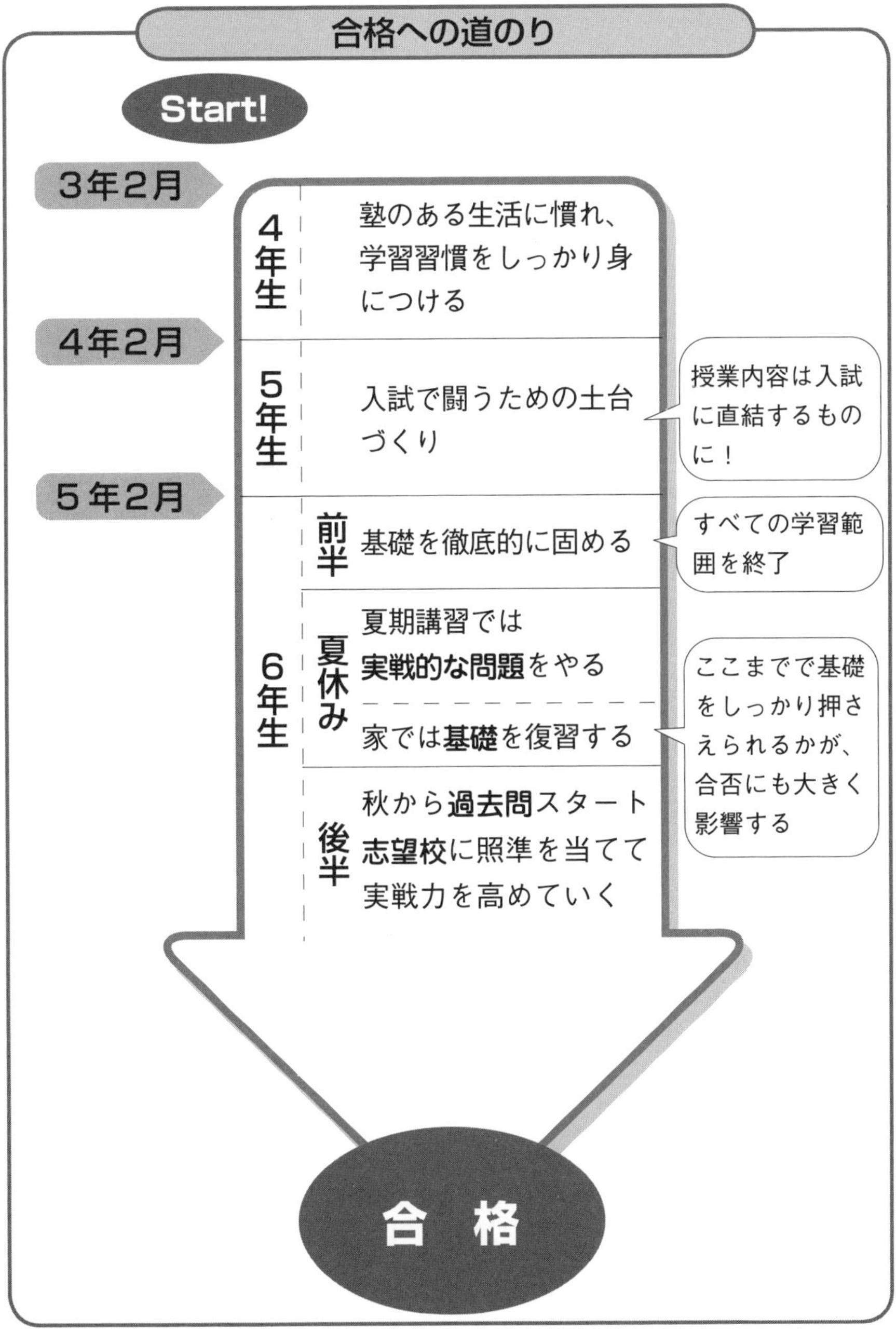
合格への道のり
Start!
3年2月
4年2月
5年2月
4年生
塾のある生活に慣れ、学習習慣をしっかり身につける
5年生
入試で闘うための土台づくり
授業内容は入試に直結するものに！
6年生
前半
基礎を徹底的に固める
すべての学習範囲を終了
夏休み
夏期講習では実戦的な問題をやる
家では基礎を復習する
ここまでで基礎をしっかり押さえられるかが、合否にも大きく影響する
後半
秋から過去問スタート
志望校に照準を当てて実戦力を高めていく
合格

息子は開成、娘は桜蔭に合格！　そんな家のお母さんの特徴とは？

▽小さいときからの育児の差が出る?!

息子は開成、娘は桜蔭に合格しました……こんなお母さんを「ウルトラの母」というとか。

ウルトラ級のお母さんたちをたくさん存じ上げていますが、みなさん本当にお人柄のよい、知性と品性あふれるすてきな方々です。わが身とのあまりのちがいに、ため息が出るばかりです。

やることはきちんとやらせる、**ルール**を守らせる、**基礎学力**を確実につけさせる、子どもの**知的好奇心**にはしっかり応える……、こんなことを小さいころからきっちりと実行されてきたようにお見受けします。

明るくて活発な方、物静かな方、庶民的な方、優しそうな方、ちょっと厳しそうな方、いろんなタイプのお母さんがいらっしゃいます。が、共通しているのは、揺るぎのない感じ、まっすぐな芯が1本すっと通ったような凛とした雰囲気があるところです。それでいてみなさん腰が低く、お子さんを私物化することなく、ひとりの人格としてきちんと認めていらっしゃいます。ほどよい距離を持ちながら、お子さんとよく対話をし、必要なサポートをされているのです。

だから、お子さんたちも、やらされてあっぷあっぷしているというより、**自分の意志で努力している**感じです。

お子さんが自学自習に目覚めてくれれば、親としてはずいぶん楽になりますが、現実はなかなかそうはいきません。

受験で、いちばん大変なのは、お子さん自身よりもむしろお母さんかもしれません。

子どもの勉強を見守るよりも、自分がやってしまったほうがどれほど楽なことでしょう。よかれと思ってアドバイスしているのに反抗してくるし、やることをやっていないくせに言うことだけは生意気だし……。

子どもには、最低でも自分と同じレベルであることを期待してしまうので、親である自分よりも出来が悪かったりすると、「なんでこんな簡単なことができないの！」とめらめらしてしまいます。

でも、こんなふうに母親が子どもにキレるのは、ごくごく普通のことです。

バトル後、お母さんたちは自己嫌悪の念にさいなまれてご自分を責めてしまいがちで、見ていて痛々しくなってしまいます。

バトルを奨励するわけではありませんが、お母さんは悪くないのです。

お子さんも悪くない。

悶々としていないで、**講師にまめに相談されるといい**と思います。

弟・妹の受験で親が気をつけたいこと

▽上の子と比べるのは不幸の始まり

お兄ちゃん、お姉ちゃんで受験に成功しているからといって、**2人めは楽勝かというと、そんなに甘くはありません。上のお子さんが優秀であればこその苦労**が伴います。

下のお子さんが、輪をかけて優秀であるなら状況はかなり楽になりますが、逆の場合、親御さんもお子さんも、ともにつらい思いをしてしまいがちです。

まわりの人たちからは「お兄ちゃんが開成だから、弟さんも当然……」なんて言われてしまうし、そうなると親子ともどもへんなプレッシャーを感じてしまうことになります。

上のお子さんでなまじ順調にいってしまっていると、下のお子さんに対して「**どうしてこの子はできないんだろう?」とついつい比べてしまう**ようです。

比べてはいけないと頭ではわかっているのに、どうしても比べてしまう。そして、そんな自分に罪悪感を持ってしまう……。こんな悪循環におちいってしまう気の毒なお母さんがたくさんいらっしゃいます。

当の本人もまた、大変でしょう。表には出さなくても、かなりのプレッシャーを感じているはずです。

お兄ちゃん・お姉ちゃんはお手本であり**ライバル**であり、少なくとも同じでありたいと思うのが、弟・妹の心理でしょう。**自分ではがんばっているつもり**なのに、お姉ちゃんのようにできないというのは、楽しかろうはずはないし、ジレンマを感じてイライラするのは当然です。

でも、**弱みは見せたくないから平静を装います**。

すると、親御さんからは「やる気がなくて、のほほんとしている」というように見えてしまい、やいのやいのと小言を言われる羽目におちいります。

そうすると、ますますかたくなになって「いいもん。私はどうせバカだから」なんて、開き直り発言をしてしまい、お家の中にキツい空気が漂うことになります。

きょうだいで受験する場合は、**きょうだいとはいえ、まったくの「別モノ」だと割り切ってしまうことが大切**なように思われます。

まわりからあれこれ言われても**「上の子とは、全然タイプがちがうんです。別モノですからね、……ほほほ」**ときっぱり宣言してしまえば、楽になるのではないでしょうか。

そして、本人にも**「お兄ちゃんと同じようにとは、全然思っていないから。あなたはあなたの受験をすればいい」**と言ってあげることだと思います。

国語・算数で差をつけたいときは、この勉強法を！

「成績は悪くないが、もっと力を伸ばして突き抜けたい」、あるいは「なかなか成績が伸びない」「ここにきて成績が伸び悩んでしまっている」。そんなときに効く勉強法を紹介しましょう。

▽国語の勉強法は？

あと一歩の実力伸長をはかるためには、**毎日10分、新書などの堅い文章を読む習慣をつけるといいと思います。5～6ページ**くらいが目安です。5～6ページでだいたい2500～3000字程度になるはずで、これは**入試の大問1題の文章の長さに相当**します。

欲張ってページ数を増やしても続かなくなるし、時間もないと思うので、これで十分でしょう。

国語の成績がパッとしなかったり、落ちてくるお子さんのほとんどは、やさしい文章なら実に正確に解けるけれど、難しい文章になると歯が立たない、というタイプです。**難文を読み通す〝根性〟と〝経験〟が足りない**のです。

難しくてつまらない文章でも負けないで読み切るには、**慣れて免疫をつけてしまうのがいい**のです。1日たった10分間3000字ですが、毎日続ければ1カ月で10万字近く読んだことになります。何もせずに過ごした受験生と差がつかないはずはありません。

また、国語が得意なお子さんでも、難しい文章を読む経験を積むことで、**論説文**に強くなり、**論理的な読解力がつく**という効果が見込めます。受験国語では、論理的な読解力がポイントアップに直結します。

学校で学ぶ国語は物語が多く、情操教育を兼ねた部分があり、客観的、論理的な読解と表現の指導が手薄になっています。そのため、**学校の国語は得意でも、入試の国語に強いとは限りません。主観と情緒でアバウトに読むクセ**ががっちりとついてしまっていて、矯正するのがとても大変な場合も多いのです。

学校国語は**「文章を客観的に読む国語」**とは別モノです。**「別の教科」**として割り切らないと、受験国語には歯が立たないでしょう。

国語に苦戦気味のお子さんにおすすめなのが、「読み聞かせ」です。小学生になっても読み聞かせは有効です（余談になりますが、6年生にアンケートを取ったところ、国語の得意なお子さんにほとんど共通していたのが、「小さいころ、読み聞かせをたくさんしてもらった」ということでした）。

また、国語が苦手で読書もしたがらないという場合、マンガを使った勉強本も、言葉そのものに対する興味づけとして、突破口になるかもしれません。「満点ゲットシリーズ」（集英社）の中の**「ち**

あと１歩、実力を伸ばす！　国語の勉強法

勉強法１　毎日10分、５～６ページ、新書などの堅い文章を読む
➡ 難文を読み通す“根性”と“経験”がアップ
➡ 論理的な読解力がつき、得点力がアップ

勉強法２　「読み聞かせ」も有効

勉強法３　マンガを使った勉強本を活用する
➡ ちびまる子ちゃんの『漢字辞典』『ことわざ教室』など

びまる子ちゃん」の『国語』はおすすめです。『**漢字辞典**』『**ことわざ教室**』などから読んでみてはどうでしょうか。知っている言葉が増え、漢字が頭に入ってくれば、必ず本を読む楽しさが実感できるようになっていきます。

▽算数の勉強法は？

算数で大事なのは、とにかく**基礎基本の徹底**でしょう。お子さんたちは「ドジノート」などと称して、**「まちがい直しノート」**を用意し、**授業やテストでできなかった問題を解き直し**ています。103ページで紹介した「弱点克服ノート」と同じように、解き直し用のノートをつくるのです。そして、そこに解き方のポイントや気づいたことなど、「これは！」と思ったことを書き込んでおきます。「計算をまちがえた！」「～という条件をかんちがいしていた」などと**コメント**を書いているお子さんもいます。

解けるはずであった問題をどうして落としてしまったのかを見直したり、解法が習得できていない問題を把握するのに、こうしたノートを活用し、講師に見てもらうのは有効でしょう。

ただし、テストの場合、「解けなくてもいい問題」というのもあります。一部のマニア向けとでもいうか、突出して算数のできる子向けの、超難問です。こんな問題を解こうと四苦八苦して何時間も費やすのはナンセンスです。それよりは、**誰もが解ける問題、オーソドックスな応用問題をきちんと復習する**ことのほうが現実的です。

週例テストであれば、**「正答率」**が目安になります。たとえば、正答率が10%などという問題をどうにかしようというのではなく、70%なり、80%なりの問題をきちんと解けるように持っていくべきでしょう。

そうやって、自分の弱点、課題を見つけていくことがステップアップにつながっていきます。正答率が90%を超えるような計算問題で失敗していたら、日々の計算練習を、「5題やって3題合っていた」というやり方ではなく、いつも、必ず、常に「5題とも正解」できるように細心の注意を払ってやるようにするのです。

塾で受ける算数のテストは、たいてい[1]が計算、[2]が1行問題、[3]が枝問《えだもん》（ひとつの設定で複数の設問が出題されているとき、それらを「枝問」といっています）が2つか3つついたちょっとした応用問題……というように、やさしい問題から順に並んでいることが多いので、「あと10点」をどこで取るか、ねらいどころが見えてくると思います（注　入試は必ずしもこのようになっていません）。

勉強法

あと1歩、実力を伸ばす！　算数の勉強法

「基礎基本」の徹底が第一

⬇

- 「**まちがい直しノート**」をつくり、講師に見てもらう
- テストの**正答率70%以上**の問題をきちんと復習する
- 単元ごとの**典型的な問題**と**解法**を、テキストの「**例題**」を解くことによって徹底的に身につける

難問もやさしい問題も、配点の差は、せいぜい2～4点くらいなのですから、実力に応じて、まずは1と2と3を、次に4や5のせめて枝問（1）を……と目標を設定していけばよいのです。

算数の講師がよくアドバイスしているのは、その単元ごとの**典型的な問題**とその**解法**を、テキストの「**例題**」を解くことによって徹底的に身につけておくことの大切さです。繰り返し勉強するのに値する問題か否かは、素人にはなかなかわからないものです。**最もベーシックな良問の目安が「例題」**です。担当講師に、どの問題を反復練習すればいいか、聞いてみるのもよいでしょう。

算数も、既習の単元を発展させる形で学習が上積みされていきます。土台づくりで失敗すると、ずっと後まで響くことになります。

入試直前に始めても、もう間に合いません。今から始めてみてはいかがでしょうか。

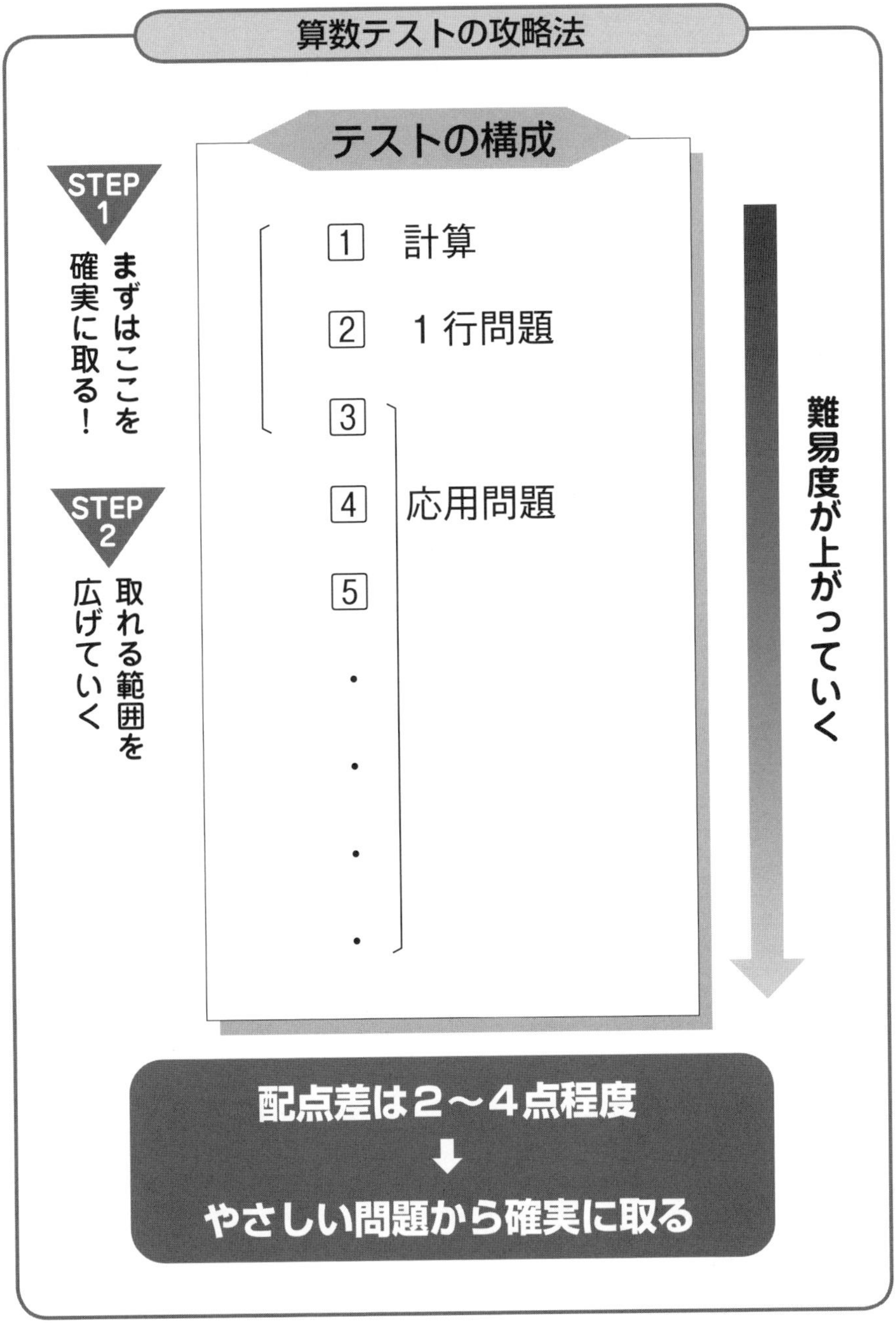
算数テストの攻略法
テストの構成
STEP 1
まずはここを確実に取る！
STEP 2
取れる範囲を広げていく
1 計算
2 1行問題
3
4 応用問題
5
難易度が上がっていく
配点差は2～4点程度
やさしい問題から確実に取る

伸び悩んだとき、親子で煮詰まらないための小さなコツ

▽子どもが「先生役」、親が「子ども役」になってみよう

努力しているのに、成績がなかなか上がらない——、3年間の受験生活の間には、そんなことも、ままあるものですが、低迷が続くと、親子でだんだん煮詰まってきてしまうものです。**「勉強しているのに点数に結びつかない」**というのはつらいもので、焦りもつのります。

家で勉強を始めようとすると、親子で気が重くなってしまい、お母さんのほうはキレそうになるし、お子さんのほうもうんざり……。どうしたらいいのか、どこからどう手をつけたら、事態を打開できるのか、わからなくなってしまったりします。

そんなときは、お母さんの側から解説して教えるのではなく、**お子さんが先生役になってお母さんに説明する**というスタイルにするとよいと思います。

たとえば、接続詞であれば、お子さんに「どうして（1）には『しかし』が入るってわかったの？」と聞いてみます。お子さんが「（1）の前には『インターネットは便利だ』ってよいことが書いて

あるけど、後には『インターネットには、気をつけなければいけない面もある』って、よくないところが書いてあるから」などと説明できたら大成功です。うまく説明できなかったら、ヒントを出して誘導してもいいし、一緒に解説を見て、「へぇ、そういうことなんだねぇ」と、**お母さんも学んだよという形にしてもいい**でしょう。

また、険悪なムードになったら、**堪忍袋の緒が切れる前に、「後でやろうか」**と言って、学習を切り上げる勇気も必要です。

一方で、塾の担当講師に、成績が上がらない理由はどこにあるのか、勉強法をどう変えたらいいのかなどを相談してみましょう。私もそういった相談を受けるたびに、いろいろとアドバイスしたり、塾で補習したり、特別にそのお子さんに課題を出して添削するなどして、状況が変わるように力を尽くします。**塾と家庭の二方向から解決をはかっていく**のです。

▽苦手だからといって意識しすぎると逆効果

また、親御さんの中には、**必要以上にお子さんの能力の足りない部分を気にしすぎ**ていて、お子さんも**苦手意識**を持ち始めてしまうということがあるので、要注意です。

先日面談したお母さんの悩みは、「国語以外の３教科は満点近く取れるのに、国語だけが低迷している」ということでしたが、この方もそう見受けられました。

そこで、「惜しい間違いが多く、**点数よりはずっと高い実力**を持っていること」「授業には一生懸命参加しているので、**心配はないこと**」「もっと自信を持っていいこと」などをお話しし、お子さんにも伝えていただくようにお願いしました。

それに、**へこんでいるのが1教科だけ**、というのは、実はそんなに問題とはならないのです。

……果たせるかな。このお子さん、次の週例テストは95点。5点の失点は書き抜きミスだったので、実質的には100点でした。面談前の点数から50点の伸びでした。自信を持って、自分の実力を発揮できたのです。

そして、お子さんの晴れ晴れとしたうれしそうな顔！

こんな顔を見てしまうと、やっぱりこの仕事は辞められなくなってしまいます。

中学受験でいちばんつらい時期はいつ？　その乗り越え方は？

▽秋の終わりから年末までがいちばん苦しい

中学受験でもっともきついのは、6年生の**10月の終わりごろから12月に入るころ**。受験生、親御さん、講師ともに、**中学受験でもっともつらい時期**です。

秋口までは、親子ともに「まだまだこれから」という余裕があるのですが、11月にもなると「あと3カ月しかない」という焦りが出てきます。また、学習が進めば進むほど、「できないところ」が目についてきて、不安になってきます。過去問の出来具合も、気持ちを左右します。さらに、他の受験生も力をつけてきているので、努力しても努力しても相対的な位置（順位や偏差値）が思うように上がらず、落ち込んだりします。

一方で、**12月には1月校の出願**をしなくてはならず、どの学校を受けるかが生々しい現実となって突きつけられるのです。

順調にいっているお子さんでも、できなかったところにこだわりすぎて、無用な心配をつのらせ

勉強法

たりします。誰もが、精神的に不安定になるのがこの時期です。

急激に寒くなることもあってか、体調を崩すお子さんも増えてきます。お子さんは自分の体力が低下していても意外と気づかないので、「いつもと同じようにやっているのに、正解できなくなってしまった」と**焦り始め、負のスパイラルに入ってしまう**ことがあります。

こういうときには、**思い切って休養をとるのがいちばん**です。でも、みなさん、休む精神的ゆとりがないようです。休んでいると、かえって精神的にまいってしまったり……。

1日、2日勉強しなかったからといって、**そのせいで入試に失敗するわけではない**のですから、疲れがたまっているように見えたら、早く寝かせるべきです。ふらふらになりながら机にかじりついていても、頭に入ってこないし、問題も解けません。

▽十分に休み、明るく前向きに乗り越えよう

私が教える国語科でも、**この時期になると、スランプにはまるお子さんが何人かいますが、がんばりすぎによる疲労の蓄積が一因であると感じます。**

国語は、自分流に答えをつくり出したら、アウトです。面倒くさくても**「いちいち本文にもどって答えをさがす」**という作業を絶対にしなくてはならないのですが、疲れてくると、ここが甘くなってきます。

本文を検証するガッツがなくなってきて、自分の頭で答えをつくってしまいます。もともと実力のあるお子さんほど、なまじ実績があるために、この手抜き解法に流れていきます。そして、思わぬ点数を取り、「最近、国語ができなくなった」と青くなるのです。

算数の講師は、この時期、算数の模擬試験の結果がよくなかったお子さんたちに、基本を確認する補習プリントをやらせています。それも、「今から『算数大好き少女クラブ』の会員を指名するぞ」と、なるべく**明るい雰囲気で、前向きな気持ちでやってもらえるような工夫**をしています。

これは、すごく効果があり、「算数大好き少女クラブ」の会員が**すべて桜蔭に合格**した年もありました。つまずいたときこそ、基本を確認して平常心を取り戻す、という戦略がうまくいっているのでしょう。

そして、**少しでもいい兆しが見えたら、すかさずほめて励ます**。これしかありません。**スランプを抜けた受験生は強い**ですから、この時期を乗り越えられたらもう大丈夫です。

友だちに抜かされて落ち込んでいる子には？

▽「納得のいく受験」を目指して

ある夜、仕事を終えて退出しようとする私に「一緒に帰ろう！」と声をかけてくれた6年生の女の子がいました。直接担当したことはありませんが、3年生のとき隣のクラスで勉強していたAちゃんでした。電車で私を見かけたことがあり、一度一緒に帰りたかったのだと言います。

「私、先生のクラスに入りたかったなー」

「そう？　私、厳しいよ？　怖いし。みんなそう言ってるでしょ？」

「そんなことないよー。みんな天国だって言ってるよ」

「まさかー！　私、漢字の勉強とかさぼっているとビシビシ叱っちゃうし」

「でもね。先生の授業受けてる人は、羽が生えちゃってるみたいだよ」

精一杯の表現を使って、私への信頼と親愛の気持ちを伝えようとしてくれるAちゃん。彼女のきらきらした笑顔を見ているうちに、なんだか胸が痛くなってしまいました。

「私、成績下がっちゃったからね。先生のクラス、入れなかったよ。やってないわけじゃなかったんだけど……。後から始めた人にどんどん抜かれていっちゃって……」

目の前にいるAちゃんは、どこに出しても恥ずかしくない、はきはきした聡明な女の子です。

こんなに立派に成長しちゃって……と心の中で感動していたのですが、**彼女にしてみれば「みんなに抜かされている情けない」自分**なのでしょう。

「受験」である以上、成績はどうしても相対的に評価されます。その中に、個々人の努力の成果は埋没されてしまいます。

偏差値はあと一歩だけれど、でも、これだけのことができるようになった……そんなことが、お子さんにも親御さんにももっと実感できるようでなければいけないのかなと思いました。

相対的な位置を上げていくのは大変なことです。みんな勉強をしていますから……。**下りのエスカレーターを逆走しているのと同じ**で、現状維持をするだけでも努力が必要です。

これだけの努力をして、これだけのことができるようになった。**ちゃんと成長しているよ！**

そう実感できれば、あこがれの志望校に必ずしも手が届かなくても、**納得のいく受験ができる**のではないかと思います。

第1志望への夢を叶えるのが仕事である私がこんなことをいうと、「甘い！」と叱られてしまいそうです。でも、やってきたことが何にも実を結ばなかった、なんて思ってほしくないのです。

しっかりとお子さんの血になり、肉になっていることを信じてもらえたらいいな、と思うのです。

勉強法

「なぜ受験するの？」と子どもに聞かれたら……

▽精神年齢の高い子ほど根源的な問いに突き当たる

なぜ中学受験をするのだろう？

将来の選択肢を広げるため、より豊かな深く考えられる人間になるため、他人や社会の役に立つ力をつちかうため……。子どもたち一人ひとり、その答えはちがうと思います。

ただ、子どもと話し合い、**子どもも親も納得して中学受験に取り組む**ことは必要でしょう。挑戦する理由もわからないのに、モチベーションを維持し続けることは難しいからです。

そして、もしも受験勉強を途中でやめることになったとしても、いたずらに敗北感や挫折感を心の中に残さず、親子で次のステップへ足を踏み出してほしいと願っています。

先日、誰もがうらやむ超名門校に進学した卒業生から、メールが来ました。

「先生、私は学校をやめました。ごめんなさい」

彼女は6年生のときにも一度、**「なぜ受験するのか。どうして公立ではいけないのか」**と悩んだ時期がありました。このとき、彼女といろいろな話をしました。

「あなたの言うことは正論だよ。まちがってない。別に公立でもかまわないと思うよ。いい学校を卒業したっていうのは、『鬼に金棒』の『金棒』みたいなもの。金棒があったほうが何かと便利だったり心強かったりするから、みんな手に入れようとしている。いくら金棒だけ持っていても、鬼がへなへなではどうしようもないけどね。

でも、金棒なしで、素手で勝負するのは並大抵のことじゃないよ。学歴に頼らずに活躍するには、相当実力がないとだめだからね。実力も金棒も両方あれば、最強なんだろうけどね……」

彼女はとても聡明で精神年齢も高かったので、小6ですでに**生き方の根源的な問題**に向き合ってしまい、社会の不条理や矛盾などにまともに疑問を持ってしまったようです。それでもいろんな悩みを振り切って見事に第一志望に合格し、彼女も喜んでいたのですが……。

賢い彼女のことだから、今、学校をやめてしまうことがどれほどマイナスになるか、よくよく考えたうえで出した結論なのだと思います。

「どうしてやめちゃったの？　もったいない！」という言葉を今後いやというほど浴びせかけられるだろうことを思うと、気の毒でたまりません。

高い能力と豊かな人間性を持った彼女のこと、金ピカの金棒なんて捨ててしまっても、十分に活躍できると私は確信しています。何もしてあげられないけれど、せめて彼女の生き方をずっと応援し続けたい、見守っていきたいと思います。

特別講義

南雲先生が教えてくれる!
「国語」の効果的な勉強法

中学受験で求められる国語力とは？

▽なんといっても読解力が大事！

国語の勉強法で悩み、「どうしたら伸びるのでしょうか」というご相談をよく受けます。ある意味、4教科の中で、いちばん意図的に伸ばしにくいという印象を持つ方が多い科目かもしれません。特に、男子で苦手意識を持つお子さんが多いようです。

以下、まず中学受験の国語では何を求められているのかをお話しし、次にその具体的な対策法・勉強法について紹介していきましょう。

国語の学習領域は、①**読解**、②**表現**、③**言語要素**の3つです。これは、小学校の学習指導要領でも同じです（ただし、①は理解、③は言語事項という言葉を使っています）。

①と②を下支えするのが③ですから、語彙力をつけることは必須です。入試で求められるのはなんといっても①の**読解力**。記述問題も、読解力に裏打ちされた表現力にほかなりません。よく、「作文が苦手なのですが、記述問題はできるようになるでしょうか」というご相談をいただきますが、

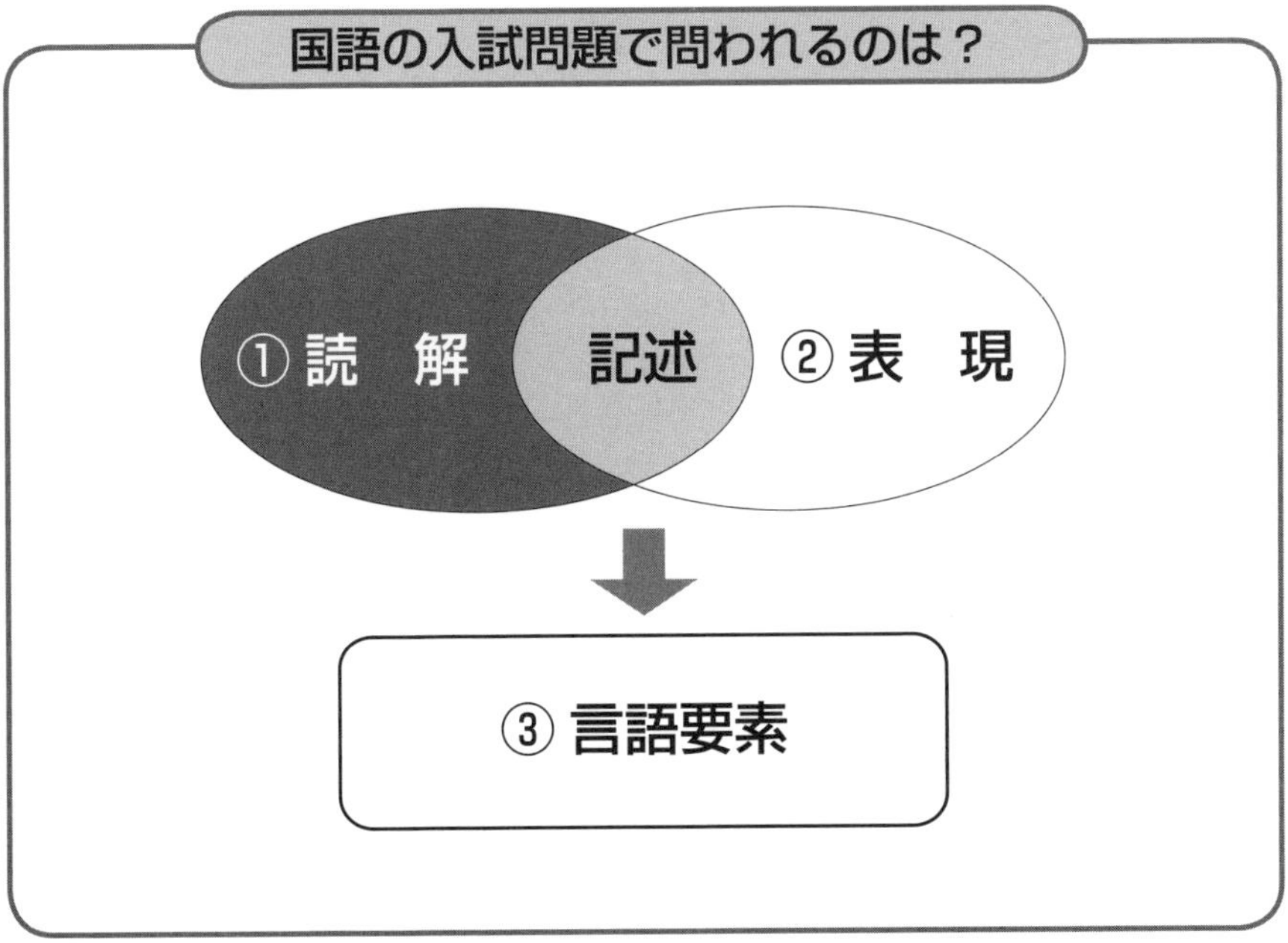

まず問題ありません。あくまでも**「読解に基づく記述」**ですから、読めてさえいれば、記述はいかようにでもなります。

したがって、豊かな語彙力と読解力を養うことが、国語学習の目的になります。ただ、読解問題をひたすら解くだけではこの力はつきません。問題を解くのは二義的なもので、**大事なのは教材を使って文をちゃんと理解するトレーニングをすること**です。

▽読書は必要条件。十分条件ではない

文字や言葉にふれる経験値が低ければ、語彙力も読解力もつけようがありませんから、そうした意味で、読書は絶対に必要です。が、「うちの子は本は好きでよく読むのですが、国語はいまひとつです」という悩みもよく聞かれます。「よく読む」

というのがどれくらいの量をいっているのかにもよりますが、1週間に1冊などというペースでは、とてもとても「よく読む」とはいえません。児童向けの本であれば、**1〜2日で1冊**くらいでしょう。

また、読んでいる本が、物語やファンタジーに偏っているのが普通です。それでもきちんとした表現が使われている作品ならよいのですが、最近の作家の本の中には、話し言葉を使ったり、一文一文を短く切ったりして、まるでマンガの吹き出しが並んでいるかのようなものもあります。このような本をいくらたくさん読んだところで、豊かな日本語が身につくことは期待できません。

楽しみとしての読書なら何でも好きに読ませてかまいませんが、**「勉強としての読書」も心がけたい**ものです。

物語なら、**椋鳩十**《むくはとじゅう》や**新美南吉**《にいみなんきち》などの名作にふれるのもよいですし、入試でおなじみの**あさのあつこ**や**重松清**《しげまつきよし》（子ども向けの作品）を読んでみてもいいでしょう。以前、入試でよく出た灰谷健次郎や杉みき子、教科書で作品を知られている今江祥智《いまえよしとも》や阿房直子、あまんきみこもおすすめです。

説明文なら、たとえば富山和子の**『〇〇は生きている』シリーズ**（講談社）や、さ・え・ら書房の**『〇〇のはなし』シリーズ**などは、中学年から十分読めますし、国語の苦手な男の子でも興味が持てると思います。

▽「精読」が読解力を育てる

国語力を高める「読書のコツ」

❶ 読む量は？

児童向けの本であれば、１～２日で１冊

❷ 内容は？

物　語　①椋鳩十や新美南吉などの古典的名作
②入試でおなじみのあさのあつこや重松清の作品（子ども向けのもの）など

説明文　①富山和子の『○○は生きている』シリーズ
②さ・え・ら書房の『○○のはなし』シリーズなど

❸読み方は？

「精読」が大切。同じ本を繰り返し読もう

量は読んでいても、「精読」の経験がなければ、「ただ読んだだけ」で終わってしまいます。ゆっくりていねいに内容を分析する読み方を学ばなくては、読解力はつきません。

「子どもが同じ本ばかり読みたがりますが、放っておいてもいいのでしょうか」という相談を時々受けますが、これこそが**精読の第一歩**です。「いつも同じのばかり読まないで、ちがうのも読みなさい」と言うのは大まちがいです。お子さんは、繰り返し読みながら、前回わからなかったことがわかるようになり、深く読み取ろうとしているのです。それを親が止めてしまったら、自ら読解力をつけようとする機会を奪うことになります。

精読により、文と文の関係、言葉の裏に秘められた意味、表現の工夫などを分析できるようになってくると、読書はますます面白くなるし、読み取る力もどんどん伸びていきます。

とはいえ、そうした**分析的な読み**をするには、自学自習では限界があります。塾での指導を参考に、家庭でも国語の教材文を読むときに、手助けするとよいと思います。

以下、その方法を紹介しましょう。

説明文の読解力のつけ方

説明文の読解力をつけるには、次の5つのポイントを意識して読み、設問に答えることが大切です。

ポイント Point 1 「話題」をつかむ

何について述べているのかを「話題」といいます。説明文を一読させたら、必ず**「話題は何だったかな？」と確認**します。話題は「森林はどんな働きをするのでしょうか」など問いかけの形で**初めのほうの段落**で示されることが多いので、そうした文には**印をつけるくせ**をつけます。

ただし、冒頭部で示された問いかけ文が、本文全体の話題を示していないこともあるので、「森林」という言葉が**文章全体に何回も出てくるか**どうかを確認することも大切です（本文に出てくる「森林」ということばをすべて○で囲んでみる、などの作業をしてみても面白いでしょう）。

ポイント Point 2 文章全体の「組み立て」をつかむ

ポイント①で確認した話題（「森林の働き」）について、**どんなふうに話が展開しているのか**を追っていきます。典型的な説明文は、大きくいって次の3つの**意味段落**に分けることができます。

1 話題提示（話題段落）をする
2 具体的にくわしく説明する
3 結論・まとめを示す

2の部分が最も長く、文章の大半を占めます。この部分をさらに、意味段落に分けることもできます。たとえば、「まず、森林には、酸素をつくり出すという働きがあります。」という書き出しから始まり、「次に、森林には、水をたくわえるという働きもあります。」という次の話に切り替わるところまでがひとまとまりです。こうした、**内容の切れ目を探す作業もやってみる**と、文全体が整理されてきます。ただし、文章によっては切れ目のはっきりしないものもあるので、そういうときは、無理せずにポイント③に進むとよいでしょう。

ポイント Point 3 「結論」をつかむ

ポイント①で確認した「話題」について、**「最終的にはどうだといっているのか」**を押さえます。結論は最後の段落で示されることが多く、**「このように」などのまとめる言葉で始まる段落や文に注目**します。

たとえば、「このように、森林は私たちが生きていくうえで、なくてはならないものを恵んでくれるのです。」などと書かれているとします。この一文が、「森林はどんな働きをするのか」という問いかけと対応していることを確認したうえで、「結論」だと判断します。

以上のように、まずは書かれていることをおおまかにとらえます。難しい説明文であっても、このように大づかみすることができていれば、細部が理解しきれていなくてもなんとかなります。

ポイント Point ❹ 「具体例」の直前直後に要点あり

もうひとつ、できるようになっておきたいのが、**「具体例」が出てきたら、その部分を大きくくくる**という作業です。大きなカッコをつけるなどして、視覚的にもはっきりさせます。

「具体例」は筆者がいいたいことを、わかりやすく読者に伝えるために挙げるものですから、**「具体例」の直前や直後には、要点が述べられている**のです。ここを見つけ出すのが、この作業の目的です。私はよくサンドイッチにたとえるのですが、具体例がサンドイッチの具、要点がパンというわけです。文を読んできちんと押さえておかなくてはならないのはパンのほうで、要旨をまとめるときも、具ではなくパンのほうを使うのです。

具体例をくってしまうことで、長く、複雑に思われた文章も整理されてきて、筆者の言いたいことが見えてきます。

ポイント Point 5 細部を読み取るカギは「接続語」と「指示語」

お子さんたちは、一つひとつの文は理解できても、それらが**互いにどんな関係であるのか**を理解するのが大変苦手です。そこで、**接続語**の勉強がとても大切になってきます。「順接」「逆接」などの用語を覚えるのが目的なのではなく、「AだからB」と書かれていたとき、AがBという結果の「原因・理由」になっている、という**つながり**がわかるようになることが目的です。

お子さんたちは、文と文が**因果関係**なのか、**言いかえ**なのか、**並列**なのか、ほとんど意識せずに読んでいます。たとえば「Aである。またBでもある。だからCだ。」という文で、「Cの理由を答えなさい」と問われると、「Bである」しか答えられない傾向があります（AとBは並列されていますから、両方答えなければいけません）。

また、「AとはすなわちBである。Cともいえる。」のように、ひとつのことを言葉を換えて、**何度も述べているところに注目する**と、筆者の主張に迫っていく手がかりになります。

家庭でできる取り組みとしては、本文に出てくる**接続語を○で囲み**、**「どの部分と、どの文が、どういう関係になっているのか」**を一緒に考え、お子さんに説明させてみるといいでしょう。

それからもうひとつ大事なのが**「指示語」の指示内容を明らかにする**ことです。難解な論説文で「それとは、つまりこうなのだ。」などいう表現が出てきたとき、指示語（「それ」「こう」）の内容がわからなければ、お手上げです。指示語も、ものによっては何を指すかあいまいなもの、説明しにくいものもありますが、無理のない範囲で、**文を読みながら、指示語をつぶしていく**（指示内容を明らかにしていく）くせをつけると、論説文に強くなります。

指示語の指示内容は、次のような手順で確認します。簡単な指示語だとお子さんは反射で答えを出してしまいますが、それでも、あえて次のステップに沿って説明させてみると、考えるプロセスが明確になって、応用が利くようになります。

例　人間は言葉を文字として書き記すようになった。それは、人間にとって画期的なできごとだった。

1　指示語を含む文からヒントをつかむ

「それ」＝「画期的なできごと」

2　直前からさかのぼって答えを探す

「それ」＝「画期的なできごと」＝「言葉を文字として書き記すようになったこと」

3　答えを「それ」に代入して、筋が通るか確認する

「言葉を文字として書き記すようになったこと」は、人間にとって画期的なできごとだった。

指示語が指している部分を見つけたら、**本文に〈　〉を書き入れ、矢印で指示語と結びつける**などの書き込みをします。そうやって確認した内容を視覚化すると、理解しやすくなります。

例　人間は〈言葉を文字として書き記すようになった〉。それは、人間にとって画期的なできごとだった。

このように、一字一句を見のがさないような丹念な読み方をすると、多少難しい文でもわかるようになってきます。細部を問う問題にも対応できるようになるのです。

説明文の読解力がつく読み方

ポイント2　文章の組み立てをつかむ

1 話題提示　／　2 具体的に詳しく説明　／　3 結論・まとめ

話題　森林と私たち

森林破壊が大きな問題となっていますが、森林が大切であることはみなさんも知っていますね。

では、森林はどんな働きをするのでしょうか。


まず、森林には酸素をつくり出すという働きがあります。森林は、光合成をするときに、空気中の二酸化炭素を吸収して、かわりに酸素をはき出すのです。

　二酸化炭素は、地球温暖化の原因であるといわれていますから、酸素をつくる働きは、同時に、地球温暖化を防ぐうえでも役に立つといえそうです。

次に、森林には、水をたくわえるという働きもあります。森林の土は、スポンジのように水をたくわえることができるのです。そのため、大雨が降っても、水はいっぺんに川に流れ込むことなく、森林の土に吸い込まれ、少しずつ川にはき出されます。もし、森林がなければ、一度に流れ込んだ大量の水で、洪水が起きてしまうでしょう。

また、草や葉や根、動物たちのふんや死体は腐って土になります。森林は豊かな土をつくりだす働きもしているのです。

さらに、わたしたちの生活のさまざまな場で使われている木材。これも、森林が生み出してくれるものにほかなりません。


このように、森林は私たちが生きていくうえで、なくてはならないものを恵んでくれます。だから、森林は大切なのです。

ポイント1　「話題」をつかむ

初めのほうの段落で示されることが多い。印をつける

ポイント3　「結論」をつかむ

冒頭の問いかけと対応しているかを確認

ポイント4　具体例の直前直後をチェック

要点が述べられていることが多い

ポイント5　「接続語」「指示語」に注意する

「接続語」➡ 文の関係性をつかむ

「指示語」➡ 指示内容を明らかにする

実際に書き込みをしてみよう

1 森林破壊が大きな問題となっていますが、森林が大切であることはみなさんも知っていますね。では、森林はどんな働きをするのでしょうか。

2 まず、森林には酸素をつくり出すという働きがあります。森林は、光合成をするときに、空気中の二酸化炭素を吸収して、かわりに酸素をはき出すのです。

3 二酸化炭素は、地球温暖化の原因であるといわれていますから、酸素をつくる働きは、同時に、地球温暖化を防ぐうえでも役に立つといえそうです。

4 次に、森林には、水をたくわえるという働きもあります。森林の土は、スポンジのように水をたくわえることができるのです。そのため、大雨が降っても、水はいっぺんに川に流れ込むことなく、森林の土に吸い込まれ、少しずつ川にはき出されます。もし、森林がなければ、一度に流れ込んだ大量の水で、洪水が起きてしまうでしょう。

5 また、草や葉や根、動物たちのふんや死体は腐って土になります。森林は豊かな土をつくり出す働きもしているのです。

6 さらに、わたしたちの生活のさまざまな場で使われている木材。これも、森林が生み出してくれるものにほかなりません。

7 このように、森林は私たちが生きていくうえで、なくてはならないものを恵んでくれます。だから、森林は大切なのです。

書き込みの模範例

1 森林破壊が大きな問題となっていますが、森林が大切であることはみなさんも知っていますね。では、森林はどんな働きをするのでしょうか。

2 まず、森林には酸素をつくり出すという働きがあります。森林は、光合成をするときに、空気中の二酸化炭素を吸収して、かわりに酸素をはき出すのです。

3 二酸化炭素は、地球温暖化の原因であるといわれていますから、酸素をつくる働きは、同時に、地球温暖化を防ぐうえでも役に立つといえそうです。

4 次に、森林には、水をたくわえるという働きもあります。森林の土は、スポンジのように水をたくわえることができるのです。そのため、大雨が降っても、水はいっぺんに川に流れ込むことなく、森林の土に吸い込まれ、少しずつ川にはき出されます。もし、森林がなければ、一度に流れ込んだ大量の水で、洪水が起きてしまうでしょう。

5 また、草や葉や根、動物たちのふんや死体は腐って土になります。森林は豊かな土をつくり出す働きもしているのです。

6 さらに、わたしたちの生活のさまざまな場で使われている木材。これも、森林が生み出してくれるものにほかなりません。

7 このように、森林は私たちが生きていくうえで、なくてはならないものを恵んでくれます。だから、森林は大切なのです。

話題　問いかけ　説明　例　つけたし　働き　答え　まとめ　ℓ1と対応

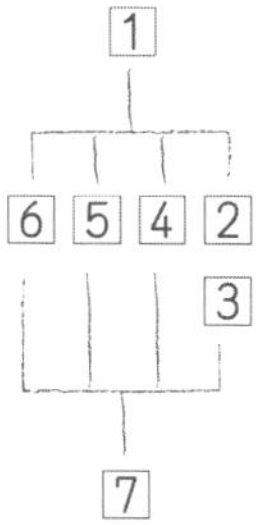

物語文の読解力のつけ方

ポイント Point 1 心情の読み取り

物語でも、接続語や指示語に気をつけるのは同じですが、説明文と違って、「書いてあることだけ読めればいい」という段階で終わらないのが物語の難しいところです。書かれていることからもう一歩踏みこんで、**行間**を読まなくてはなりません。そのひとつが、**登場人物の「心情」**で、**試験でも最もよく問われます**。「もし自分だったらどう思うか」とおきかえて考えるのは、主観が入る危険性があるので、まずいやり方です。あくまでも**本文に書かれている**、状況、できごと、人物の言動などから**分析する**のが正しい読み取り方です。

一般的には、次のような方法で読み取ります。

① 直接表現されている部分を探す

例 **心情を表す言葉** ⬇「悲しい」「うれしい」「はずかしい」「怒る」「あきらめる」など

これらの言葉に気づくためには、語彙がある程度豊富であることが必要です。たとえば、「おもはゆい」「けげんそうに」「後ろ暗い」「いぶかしむ」「はにかむ」などの言葉は、子供たちの日常生活ではめったに使いませんが、文章には普通に出てきます。また、「固唾《かたず》をのむ」「目をむく」などの、**心情を表す慣用句**の知識も欠かせません。

② **言動（行動・動作・表情・会話など）を手がかりにする**

例「しょんぼりとうつむいて歩いている」⬇「悲しい」「つらい」などの心情
「スキップでもするように、弾んで歩いている」⬇「うれしい」「楽しい」などの心情

ここでも、心情を表す慣用的な表現について知っていることが、大切になってきます。たとえば、

「くちびるをかみしめる」⬇「くやしい」「こらえる」

「顔をほころばせる」⬇「楽しさやうれしさがおさえきれずに、思わず笑顔になる」

などです。自然にまかせていたのでは、こうした表現を身につけるのは困難です。設問になっていなくても、本文にこんな表現が出てきたら必ず説明してあげましょう。ついでに、いろいろな慣用句調べをしてもいいでしょう。国語辞典には、「手」「目」「口」などを引くとたくさんの慣用句がのっているので、お子さんは案外楽しんでやると思います。

③ 情景描写・象徴表現に注目する

例 「いつのまにか雨があがって虹が出ていた」
⬇トラブルなどを乗り越えた、すがすがしい心情

こうした情景描写には、**心情をそのまま映し出しているもの**と、**心情と対照させてあるもの**の両方があります。

例 「雲ひとつない、澄みわたった空」 ⬇人物の晴れやかな心情の投影／沈鬱な心情との対比

また、物語の季節や時間帯にも注目させると面白いと思います。たとえば、孤独で困難な日々が始まることを暗示するには、朝よりも日暮れ時、春よりも晩秋のほうがしっくりきます。

それから、情景描写以外でも、たとえば「母が編んでくれたマフラーはふんわりと温かかった」という表現が「母の温かい愛情」を象徴している、というようなことを考えてみるのも、謎解きのようで、お子さんの興味を引くと思います。

ポイント Point 2 心情の答えは「三位一体」で導き出す

テストでは、「言動」に――線が引かれ、「このときの気持ちを答えなさい」という問題がよく出ます。その考え方、**答え方にはルールがあります**。

ある**心情**が起こるためには、**「きっかけとなるできごと」**があります。そして、その心情が――線部の言動となって表れます。

①できごと　⬇　②心情　⬇　③言動

「心情」は勝手に想像するのではなく、この「できごと」と「言動」の流れに合うように、矛盾しないように考えます。**この3つをいつもセットにして考える**、つまり三位一体で考えることが大事です。

たとえば、①「弟とけんかをしていたら、ぼくだけお母さんにしかられた。」というできごとがあって、③言動が「お母さんをにらみつけた。」であれば、②心情は「母への反発、怒り」と考えられます。同じ「できごと」でも、③言動が「しくしく泣いた。」であれば、②心情は「悲しい」のほうがいいでしょう。

「もし、自分だったらどう思うか」を尺度にすると、③を無視して「弟が憎たらしい」などと、本文とは関係のない答えになってしまいます。**あくまでも「本文に書かれていること」から分析すること**が大切です。

国語が苦手なお子さんにおすすめの勉強法

▽「理由」を考え、それを「伝える」力を養おう

まず、国語が得意なお子さんに備わっている特徴を挙げてみましょう。

①語彙が豊かである
②文章を読む経験が豊かである
③論理的思考力が発達している
④根気がある

幼いときから自然に読書に親しみ、周りの人たちと豊かに言葉を交わし、さまざまなものに興味を持ってきたお子さん、物知りなお子さんは有利になります。

また、**物事を筋道立てて論理的に考える習慣**がついていることも大切です。「論理的に」という

のは、**「なぜか」という〝理由〟を考える**ことができる、それを**他人にわかるように〝伝える〟ことができる**、ということと解釈していただければよいと思います。

日常的な場面でも、「なぜ？」と聞かれたときに、まともにそれに答えることができるお子さんは多くないと思います。「なんとなく」「わかんない」「ビミョー」などと答えてしまうのではないでしょうか。日ごろから、「なぜ？」という問いかけややりとりを大切にすることは、国語に限らず、どの教科を伸ばすことにもつながるでしょう。

また、精神的に幼かったり、思い込みが強く柔軟に考える力が足りなかったりしても（頑固）、国語は苦手となる場合が多いでしょう。ただ、④をふくめ、そうした精神面については、6年生になるにしたがって改善されていくことも多いので、4、5年の間はじたばたせずに、成長を待つほうがいいでしょう。

▽つまずきへの対策

国語が苦手だからと、次々と大量の問題に手を出しても何もなりません。ピアノでも、あちこちの曲を弾きちらかして、1曲もまともに弾けないというのは、練習法としてまちがっているはずです。国語でも同じなのです。**一つひとつの教材をていねいに仕上げていく**ことで、じっくりと、読む力を育てていきます。**量より質**です。

授業でやった教材やテストを、もう一度家庭でおさらいするのがいい方法です。テキストの解説を広げ、授業でとってきた**ノート**も参照しながら、**本文を少しずつ読ませます**。ところどころで止めながら、**指示語**、**接続語**、**言葉の意味**などをチェックし、書いてあることを押さえていきます。

そうして読み進めながら、途中で解けそうな設問があれば、そこで立ち止まって「本文の5行めにこう書いてあるから、答えはウだね」という説明を、できればお子さんに、無理ならお母さんが助け船を出しながら確認していきます。「本文のどこにどう書かれているから、答えは△だ」というように、**「根拠」と「答え」を結びつけて解く**ことが大切です。

こうやって最後まで読んで「ああ、そういう意味だったのか。すっきりした。」というところにまで持っていきます。その繰り返しで、だんだんに、お子さんに読む力がついていき、テストなどでもその力を出せるようになってくるのです。

テストは情報の宝庫ですから、点数と偏差値を見て終わりにするのではなく、何ができて何ができないのか、**間違いの質にこだわる**と、次に生かせます。たとえば、同じ不正解といっても、次のようにいろいろな原因があります。

① **単純なケアレスミス**
② **まぎらわしい選択肢に引っかかってしまった**
③ **設問の意味（聞かれていること）がわからなかった**

④ 本文が理解できていない　など

同様に、正解といってもさまざまです。よくわかっていなくても、なんとなくできたということもあり得ます。特に、記号選択式の問題では、「できた」のではなく「当たった」だけである可能性もあります。だから、**正解した設問であっても**家に帰ってから、**「なぜその答えになるか」を一緒におさらい**していくことが必要なのです。

▽自分で考える機会を十分に作ること

お子さんも親御さんも、すぐに「答えを出す」ことを求めてしまいがちです。家庭学習で最もまずいやり方が、「こうすればできるでしょ」と、**正解するための方法を安直に教えてしてしまうこ**とです。これをやると、5年生の前半くらいまでは、面白いようにテストの点は上がっていきます。でも、そこまででおしまいです。**「考える力」**と**「根性」**を養っていないからです。

お子さんも答えを早く知りたがります。自分でろくに考えもせずにすぐに聞いてきたり、解答をチラッと見てしまったりします。考えるのは、面倒だし、エネルギーがいるのです。**難しい問題とガップリと四つに組み、闘っていく強さ**がないまま6年生になってしまうと、ちょっと骨のある問題にははじき飛ばされてしまうのです。

だから、家では絶対にお子さんに「解答」を見せてはいけません。解答の管理はかならず親がして、**採点、答え合わせも親がやるべき**なのです。自学自習できるお子さんで、解説すらも自分で読みこなしてしまうというのなら与えてもかまいませんが、そうできるお子さんは稀でしょう。

それから、次々と問題を与え、どんどんこなす勉強をさせないこと。**時間をかけてでも、パーフェクトねらいをさせる**ほうが効果的です。

私が、6年生のクラスで、国語を苦手とするお子さんにやっている試みの中で、最も手応えがあるのが、この「パーフェクトねらい」の問題演習です。全問正解できるまで何度も何度も提出してもらうのですが、生徒さんは必然的に、何度も本文を読み返すことになり、**おのずと精読することになる**のです。こうして、ゆっくりでも正確に読んで解く練習をすると、スピードが求められる本番のテストでも精度を上げていくことができます。これもまたピアノでいえば、速くて難しい部分を弾く際に、まずはゆっくり完璧に弾くところから始めるのと同じイメージです。

やる量が少ないと不安になってしまう親御さんが多いのですが、**解いた問題の量と、学力は比例しません**。うちの長女も、国語は塾の教材以外は一切やりませんでしたが、国語の成績は安定していました。一つひとつを親子でじっくり仕上げる。この姿勢がお子さんの学力を伸ばすのです。

さて、今まで述べてきたような親からの働きかけも、功を奏するのは4、5年生くらいまでで、遅くても、実戦的演習に入る6年生前半まででしょう。あとは、専門の講師に任せないと、親があれこれ口を突っ込むことで、かえってお子さんが混乱しかねません。逆にいえば、5年生くらいまでの間に、じっくりしっかり読み込む練習を家でやっておけば、あとは、うまく本番レベルの教材にものっていけるし、塾の授業もどんどん吸収できるようになるのです。

3章

志望校はどう選ぶ?

志望校の絞り込み方は?
「第1～3志望の組み合わせ方」のコツは?

第1〜3志望の選び方・組み合わせ方は、ここに気をつけよう

▽「3段構え」のプランニングが成功の秘訣

中学入試は2月に行われるため、**塾での新学年は2月にスタート**し、1月に修了します。

2月、新6年とはいっても実際の学年はまだ5年生。入試まで1年を切ったとはいえ、どのお子さんもまだまだ幼く、のんびりした雰囲気です。しかしながら、塾校舎の掲示板に次々と貼り出される合格者の名前を見ては、「来年は自分たちの番なんだな」とおぼろげながら感じるころでもあります。

開成、桜蔭、慶應、筑波大……、あんなところに自分の名前があったらいいなぁ、かっこいいなぁ……。そこに合格するためにはどれほどの学力が必要か、どれほどの努力をしなくてはいけないのか。そうした「現実」よりも「あこがれ」が先行しているのが新6年生です。

4月ごろ、塾では、第1志望から第3志望までの学校名を書いてもらうのですが、ほとんどが第1志望しか書かれていなかったり、第3志望まですべて超難関校が書かれていたり、**「現実」を超**

男子“御三家”

●開成中学校

知性・自由・質実剛健を重んじ、視野の広い実行力のある人材の育成を示す。課外活動も活発。東大合格者数は25年連続で全国1位。医大、医学部への進学も目立つ。

所在地　東京都荒川区西日暮里4-2-4
サイト　http://www.kaiseigakuen.jp/

●麻布中学校

創立以来の「自主自立」の精神を受け継ぎ、「自由闊達」の校風を伝統とし、豊かな人間形成を目指す。東大合格者数では、開成、筑波大附属駒場高校に続く。医歯薬学系学部の合格者も多い。

所在地　東京都港区元麻布2-3-29
サイト　http://www.azabu-jh.ed.jp/

●武蔵中学校

「自ら調べ自ら考える力ある人物」など3理想を掲げ、自主性を尊重する校風で知られる。学科以外の教育に力を入れることでも有名。東大合格者数は全国18位。

所在地　東京都練馬区豊玉上1-26-1
サイト　http://www.musashi.ed.jp/

※合格実績は06年度
※『2007　中学入試案内』（四谷大塚）ほかをもとに作成

えた内容になっています。この時期から「最悪の事態」を想定しているご家庭は少数派です。「〝御三家〟でなければ私立に行かせる意味がない」

そんな考え方をする親御さんが少なくありません。

でも**入試まで1年を切っている**わけですから、今から**「チャレンジ校」「実力適正校」「安全圏の学校」と三段構えで学校を探しておく**ことは不可欠です。

お子さんの可能性を信じることはもちろん大切です。しかし、**万が一の事態に備えることもまた同じくらい大切**なのです。

難関校の合格には想像を絶する厳しさがあること、中堅校でもすばらしい教育を実践している学校がたくさんあること。そういった現実的なことを知っていただかなくてはと考えます。

▽大事な「6年生2学期」を上手に乗り切るために

実力より下の学校を用意することが、お子さんの逃げ道になり、甘えが出て本気で勉強しなくなるのではないか、と心配する方もいらっしゃいますが、そんなことはありません。

また、「押さえの学校を考えてください」と申し上げると、「うちの子には可能性がないのか」と落ち込む親御さんもいらっしゃいますが、それも**大きな誤解**です。むしろ、**成績のよい方ほど、この時期から備えの学校もきちんと準備している**ケースが多いのです。

女子“御三家”

●桜蔭中学校

女子中学ではダントツの東大合格者数を維持（男女合わせた全国順位は7位）。理系に強く、国公立大医学部に多数送り出している。

所在地　東京都文京区本郷1-5-25
サイト　http://www.oin.ed.jp/

●女子学院中学校

高い進学実績を保つ一方、制服がなく、校則もほとんどないという自由さ。そのため、個性的な生徒が多いという評も。プロテスタント系。東大合格者数は、全国20位。

所在地　東京都千代田区一番町22-10
サイト　http://www.joshigakuin.ed.jp/

●雙葉中学校

カトリック系。伝統的な“お嬢様校”のイメージが強いが、校風は堅苦しくない。桜蔭、女子学院に比べると、進学実績は目立たないが、人気は高い。

所在地　東京都千代田区六番町14-1
サイト　http://www.futabagakuen-jh.ed.jp/index-jh.htm

※合格実績は06年度
※『2007　中学入試案内』（四谷大塚）ほかをもとに作成

5月、6月と各学校で説明会が行われるので、余裕のあるこのころのうちにさまざまなレベルの学校を見にいってみて、「ここなら通わせてもいい」と思えるところを探しておくことが大事です。

毎年、**2学期後半**になってから志望校と実力とのギャップにあたふたしてしまうご家庭がありま す。そうなると、「見にいったこともない」学校の願書をあわてて取り寄せ、出願のときに初めてその学校に出向いて「遠いな」とため息をついたりすることになってしまいます。

お子さんにも「○○中学だったら確実に入れると思うけれど、がんばって△△中学を目指そうよ」と励ましていけば、気がゆるむこともないはずです。

実は、**6年生にとっていちばんつらく、大変なのは、受験直前の1月ではなく、2学期**（**特に11、12月**）なのです。4カ月もあるはずの2学期なのに、どんどん日にちがたっていきます。秋は、学校行事も盛りだくさんですから、それらに費やす時間やエネルギーもかなりのものになりますし、受験勉強のほうも、積み残した基礎のフォローをしつつ、応用力をつけるために1ランク上の教材をこなしていかなければならないので、負担は増えていきます。

加えて、**10月後半からは過去問の演習**も始まり、毎月1度の模試（他塾の模試も受けるなら、もっと頻度は高くなります）によって、否応なしに自分の「実力」と向き合わざるを得なくなります。

まわりも実力をつけていくので、同じ偏差値をキープするだけでも大変なのですが、努力したのにたいした成績が取れないと、精神的に追いつめられるのがこの時期です。お子さんも親御さんも不安と焦りでブルーになってしまい、だんだんとご家庭内の雰囲気も厳しいものになっていきます。

相談の電話が最も多くかかってくるのも、11月から12月にかけてなのです。

この嵐のような2学期を少しでも心穏やかに過ごし、勉強に集中し着実に力を伸ばしていけるようにするためにも、安全圏の学校を早めに用意することが大事になってきます。

実力以上の学校ばかりしか眼中にないと、「こんな学校を受けるところまで落ちぶれてしまったのか」といらぬ敗北感、むなしさを味わうことになってしまいます。あらかじめ「偏差値は多少下がるけれど、この学校なら通わせてもいい」と思えるところに当たりをつけておけば、「想定の範囲内だったかな」と冷静に受け止められるでしょう。お子さんの中学合格、進学を心から喜べるようになるためにも、この「備え」は、絶対に必要なのです。

▽男女別&偏差値別・入試プラン例を見てみよう

次に、**男子・女子別の入試プランの例**を載せましたので、参考にしていただけたらと思います。主に東京都の受験生を想定した例です。

なお、冒頭のQ&A（15ページ）にも書きましたが、東京都と神奈川県の入試スタートは**2月1日から**と決まっており、特に1～3日に入試が集中します（そのため、1月の間に千葉・埼玉をはじめ他県の学校を受験しておき、「入試慣れ」しておきます）。早ければ、合否は当日発表されます。2月3日ごろまでに志望校に合格していれば、以降は受けずにすませたりします。

※1月校は入試の早い順、2月校はレベル順に並べています（調べる時期や業者によって変動します。偏差値が同じときは五十音順）。選択の幅が広がるように、学校をたくさん挙げましたが、この中から3段構えで学校を選びます。

ちなみに、出願する学校数は、1人平均約6校（公立中高一貫校は含みません）。同じ日に、午前1校、午後1校と、2カ所受験することもできます。また、多くの学校が複数回、受験できるようになっています。

※太字はチャレンジ校、[　　]が安全圏の学校。2007年度入試のデータに基づく

女子の入試プラン例

偏差値65前後

1月校　栄東（東大選抜）　[開智]　淑徳与野　浦和明の星　市川　東邦大東邦　**渋谷幕張**

2月1日　**桜蔭**　**女子学院**　早実　フェリス　雙葉　渋谷渋谷　[鷗友]　[学習院女子]

2日　**渋谷幕張**　**豊島岡**　渋谷渋谷　青山　白百合　[鷗友]　[吉祥女子]　[普連土]　[鎌倉女学院]　[晃華]

3日
慶應中等部　**豊島岡**　**筑波大附属**　渋谷渋谷　学習院女子　[お茶の水]　[横浜共立]
[学芸大世田谷]　[大妻]　[東洋英和]　[光塩]

4日
豊島岡　浦和明の星　鷗友　[吉祥女子]　[共立女子]　[普連土]

5日
[頌栄]　[晃華]

6日
渋谷渋谷（特別）

偏差値55前後

1月校
栄東　西武文理　[獨協埼玉]　開智　**淑徳与野**　**浦和明の星**　[春日部共栄]　**市川**
国府台　**東邦大東邦**　芝浦工大柏　専修大松戸

2月1日
鷗友　**学習院女子**　吉祥女子　横浜共立　横浜雙葉　立教女学院　東洋英和　頌栄
大妻　田園調布　日本女子大　共立女子　成蹊　成城　普連土　[東京女学館]　[聖心]
[品川女子]　[江戸川女子]

2日
吉祥女子　**普連土**　鎌倉女学院　晃華　共立女子　光塩　大妻　恵泉　桐光　[山脇]
[江戸川女子]　[実践]　[明治学院]

3日
大妻　学芸大竹早　光塩　東洋英和　日本女子大　成城　田園調布　東京女学館
法政　[跡見]　[品川女子]　[捜真]　[三輪田]

志望校

4日　**共立女子**　普連土　頴明館　田園調布　山手学院　[実践]　[山脇]

5日　**晃華**　淑徳与野　法政　[恵泉]　[跡見]　[國學院久我山]　[三輪田]

6日　カリタス　[品川女子]　[森村]

男子の入試プラン例

偏差値65前後

1月校　西大和学園（東京入試）　栄東（東大選抜）　[開智]　江戸川取手　[市川]　[東邦大東邦]
　　　渋谷幕張　[立教新座]

2月1日　**開成**　**麻布**　**駒場東邦**　武蔵　慶應普通部　[早稲田]　[早実]　[桐朋]

2日　**渋谷幕張**　**聖光**　**栄光**　慶應湘南藤沢　渋谷渋谷　[学習院]　[立教池袋]　[攻玉社]
　　[世田谷]　[本郷]　[城北]　[巣鴨]　[高輪]

3日　**筑波大駒場**　早稲田　慶應中等部　筑波大附属　海城　[浅野]　[学芸大世田谷]
　　[渋谷渋谷]　[学習院]　[本郷]

4日　**聖光**　[芝]　[市川]　[城北]　[世田谷]　[立教新座]

5日　[本郷]　[立教池袋]

6日　攻玉社（特別）　渋谷渋谷（特別）

偏差値55前後

1月校　春日部共栄　栄東　西武文理　開智　獨協埼玉　江戸川取手　**市川**　専修大松戸
東邦大東邦　芝浦工大柏　昭和秀英　立教新座

2月1日　**海城**　芝　渋谷渋谷　逗子開成　世田谷　攻玉社　城北　巣鴨　成蹊　法政

2日　**学習院**　**立教池袋**　攻玉社　世田谷　本郷　青山　城北　巣鴨　明大明治　鎌倉学園
桐光　國學院久我山　高輪　明大中野

3日　**渋谷渋谷**　学習院　学芸大竹早　本郷　明大明治　桐光　法政　成城　日大第二

4日　**市川**　**城北**　世田谷　立教新座　穎明館　鎌倉学院　明大中野　江戸川取手
東京農大第一　武蔵工大　高輪

5日　**本郷**　**立教池袋**　桐光　鎌倉学園　國學院久我山

6日　武蔵工大　法政第二

第1志望を選ぶときは、これだけは気をつけて！

▽塾の指導をうのみにせず、子どもとじっくり考えよう

塾の中には、**合格実績や合格率を上げるための進路指導をする**ところがあります。本来あってはならないはずのことですが、現実には当然のように行われていたりします。

合格率を下げないために、合格が難しそうな場合は受験をあきらめるように指導したり、逆に偏差値が高いお子さんに対しては桜蔭や開成を受けるように説得したり。

私たちは、**第1志望について、原則として口出しをしません**。好きな学校を受けてもらっています。**受験はお子さんのためのもの。塾に変更させる権利などない**のです。

たとえば、偏差値73にもかかわらず、桜蔭を受けずに東洋英和を第1志望にし、進学したお子さんがいました。たいていの塾であれば、桜蔭を受けるように説得することでしょう。しかし、ご両親とともによくよく検討して決めた学校に、アカの他人である塾がケチをつけるのもおかしな話です。東洋英和の過去問添削など、できるだけの支援をしてがんばってもらいました。

逆に、合格可能性が厳しい学校であっても、**あきらめてもらうことも決してしません**。ただ、現状と情報だけはきちんとお伝えし、第2志望以降で実力適正校を用意するようにすすめます。

そのため、いわゆる「合格率」では打撃を受けます。塾の都合を優先させるなら、合格が難しい場合はあきらめてもらったほうが、合格率のパーセンテージは上昇するからです。

▽子どものモチベーションを大事にしよう

そんなことも一因で、05年入試では桜蔭の合格率を下げてしまい、痛烈な批判を頂戴しました。何を隠そう、わが子もその合格率を下げた受験生のひとりです。自分が講師をしていながら自ら看板に泥を塗るようなことをしてしまったようで、プロとして失格なのかもしれません。でも、母として**子どもがどうしても受けたいという気持ちを尊重する**しかなかったのです。

客観的なデータをまるっきり無視するのは困りますが、あこがれの学校を目指すことで**モチベーションも上がる**というもの。結果というのは、モチベーション次第で大きく変わるのですから。

一生に1回しかできない中学入試。

現実を見て第1志望を変更するもよし、無理を承知で当たってくだけるもよし。どんな結果が出ても**悔いを残さない受験**をしてほしいものです。

志望校

模試の上手な活用法は？

▽模試の種類と特徴は？

学習課題を見つけるうえで、また志望校選びのために不可欠なのが、模試の受験です。**他塾の模試**も受けるかどうか、質問されることがありますが、場慣れする意味でも、形式の違うテストに慣れる意味でも有効だと思います。特に気おくれしやすいお子さんは、６年生になったら一度くらい他塾の模試にチャレンジしてみるとよいでしょう。

首都圏の受験生がよく受けるのは、**「首都圏模試センター統一合判」**、**日能研の「全国中学入試センター模試」**、**四谷大塚の「合不合判定テスト」**で、**三大模試**といわれています。

首都圏模試は母集団が大きいのですが、**あまり上位生が受験しない**という傾向があります。しかし、**中堅校以下の判定には定評**があります。

日能研の模試は、主に日能研の生徒が受けているもので、日能研らしい問題が出るので、他塾生は戸惑うかもしれません。が、他流試合として一度経験してみてもいいかもしれません。

首都圏３大模試とは？

❶首都圏模試センター統一合判

受験者数は多いが、あまり上位生が受験しない傾向がある。そのため、ほかの２大模試より偏差値が高く出る。中堅校以下の判定には定評があるが、難関校の合格可能性を知るのには不向き。

❷全国中学入試センター模試（日能研）

主に日能研の生徒が受け、日能研らしい問題が出るのが特徴。

❸合不合判定テスト（四谷大塚）

豊富なデータを基にした作問には定評がある。特に６年生２学期からは受験者が増加。難関校をねらう以上は受験は必須といわれている。

私が担当している「桜蔭特別コース」では、お子さんたちが他塾の模試を受ける場合は、この２つよりも、むしろ**ＳＡＰＩＸ（サピックス）の学校別模試**を受けています。

他塾の模試を受けない受験生もいますが、他塾生も含めた集団の中での自分の位置を知りたい人、度胸をつけたい人は、受けてみるとよいでしょう。ただし、模試も、土曜日や祝日など貴重な休みをつぶして受けにいくわけですし、模試の経験が多いほど成績が上がるわけでもないので、**いたずらに回数を増やさないこと**です。

首都圏模試の場合、四谷大塚の模試より順位も偏差値もずっと高く出てしまうため、難関校の合否を占うものとしてはあまり参考になりません。難関校を受ける受験生を多くかかえている**サピックスや四谷大塚のほうが、実際の勝負に近いデータが得られる**といえます。

▽模試の活用術――いつ受けて、出た結果をどう生かすか

四谷大塚では、6年生になると模試を4月と7月、さらに9月から12月までは毎月1回ずつ行っています。4月と7月の模試は「合不合判定予備テスト」、9月以降の模試は「合不合判定テスト」といいます。

夏休み前の予備テストでは、志望校のレベルと自分の学力とを比べ、**今後の学習課題をつかみ、受験プランを立てる**のが主な目的となります。

9月以降の合不合判定テストになると、他塾生もかなり受けにきますし、どの受験生も自分の実力に、よりふさわしい学校を選んでくるので、より**リアリティのある判定結果が出ます**。

いずれのテストでも、個人別に**問題ごとの評価が出る**ので、**自分のどこが弱点かがつかめる**ようになっています。また、学校ごとの志望者の**偏差値分布表**も配付されるので、同じ学校を目指す他の受験生の成績がどのくらいなのか、自分はどの位置にいるのかがわかります。

さらに、自分が通う校舎だけではなく、**私立中学も受験会場**となるため、より**本番に近いシチュエーションで受験できる**というメリットもあります。忙しい6年生にとって、学校見学に行く時間をつくるのも限界があるので、このテストでいろいろな中学に足を運んでみるのもよいでしょう。

人気のある中学では、わりあい早い時期に定員に達してしまうので、早めに申し込みましょう。

▽難関校志望者は「学校別模擬テスト」を受けよう

模試は、自分の実力を客観的に知る機会として欠かせないものですが、気をつけなくてはならないこともあります。

模試は、学力差が出るようにやさしい問題から難問までまんべんなく出題するため、**設問数も多くなりがちで、各校の実際の入試問題とはスタイルが違います**。そのため、**合格可能性のパーセンテージと、実際の入試の結果が必ずしも一致しない**ということが起きてきます。標準的な問題をすばやく処理できる能力が高ければ、模試で高得点が得られますが、記述問題中心の入試で、同じ結果が出せるとは限らないということです。もっとも、標準的な出題をしてくる学校については、模試の結果がかなり参考になります。

たとえば、桜蔭の入試問題などは、選択肢や書き抜きの問題はまず出題されず、記述問題が7題出るだけです。一般的な模擬テストでは、採点作業の物理的限界もあり、そんなに多くの記述問題は出せません。そうした特殊な入試問題を実施する難関校については、四谷大塚、サピックス、早稲田アカデミーなどで、**学校別の模擬テスト**を実施しています。こうした学校別の模試は、受験する人数が少ないという欠点がありますが、同じ学校を目指す受験生たちの中での自分の位置を知ることができますし、実際の入試の予行演習として有効です。

模擬テストの偏差値マジックを見抜こう

▽受験者数の増加で模試の偏差値に異変が……

近年、中学受験者が急増したことで、模試にちょっとした〝異変〟が起きているようです。

例年より、**上位生の偏差値が高く出やすい傾向が見られる**のです。

例年と比べて、今年のクラスが突出して出来がいいというわけでもないのに、模試の結果を見ると、偏差値が高く出る――そういうことがあります。

偏差値が高くなるのはいいことのようですが、よくもあり、悪くもあるというのが本当です。

近年、**受験生の増加傾向が続き、07年度も過去最高の受験者数を記録**しましたが、ここで気をつけたいのは、**偏差値45～50の層が増えている**ということです。この層が増えれば、当然平均点は下がりますから、上位生の偏差値ははね上がります。

それを前年の入試の結果偏差値にそのまま当てはめて、「○○中学には楽に入れる」などと思ってしまっては困ったことになります。

どの塾でも状況は同じだと思いますが、中下位層が増えているといっても偏差値60～65の層は厚く、、上位集団の固まりは、例年どおり、大きなお団子となって存在しています。

上位1％くらいの飛び抜けて優秀な層はよいとして、そこに食い込めていない層は、お団子集団のメンバーです。今回のテストでたまたま〝お団子のトップ〟であっても、ちょっと気を抜けば、〝お団子のしっぽ〟になってしまいます。

でも、逆の見方をすれば、たゆまぬ努力によって〝お団子のトップ〟を維持できるともいえるでしょう。

▽模試の結果の正しい見方

また、模試の結果というのは、受ける時期によっても変わってきます。たとえば、4月にいくらよくても、その偏差値をそのまま、翌年2月の入試までキープするのは大変なことです。4月の段階ではまだ本腰を入れて勉強していない受験生がぐんぐん力をつけてきますし、特に四谷大塚の場合、秋からの模試（合不合判定テスト）は他塾生もたくさん受けに来るので、より競争が厳しくなるからです。

「偏差値」ではなく、「何ができて、何ができていなかったか」という、お子さんの答案用紙と問題用紙こそが、絶対的なものです。

そこを頭に刻み込んでおかないと、「4月は成績がよかったのに、どんどん成績が下がってしまった……」などというまちがった焦燥感を持ってしまいかねません。

毎回、解答用紙を比較し、できる問題が着実に増えているならば、学習の成果がきちんと出ているということですから、**偏差値は下がったとしても気にすることはない**のです。

「数字よりも内容」です。

順位、偏差値、合格可能性のパーセンテージ……。いちばん気になる数字ですが、**解答の内容も検証せずにそれらに振り回されるのはばかばかしいこと**です。

テストの内容を十分に分析して、得意なこと、苦手なことをふるいにかけ、**弱点をフォロー**できた人が入試でも成功しています。

女子御三家（桜蔭、女子学院、雙葉）、どこがおすすめ？

▽女子〝御三家〟、それぞれの特徴は？

首都圏では、**桜蔭**、**女子学院**、**雙葉**の３校が昔から**「女子御三家」**といわれていますが、３校とも校風はかなり異なります。

女子学院は、どちらかというと**文系に強い学校**というイメージがありますが、このごろは医学部をはじめとする理系の大学への進学者も増えてきています。

東大や医学部を目指す上位生（特に理系志望）に圧倒的に支持されているのは、**桜蔭**です。

雙葉は**「進学校とかいう見方ではなく、全人教育を大切に考えていることを理解してもらいたい」**と学校側がはっきりと言っていますし、桜蔭や女子学院並みの大学進学実績は出していないこともあって、勉強最重視型の受験生は、志望しない傾向があります。でも、伝統ある名門校ですから熱心な雙葉ファンもいますし、雙葉ならではの雰囲気や校風にあこがれて志望する受験生もたくさんいます。英語のかわりにフランス語の授業を選択できるなどの特徴もあります。

▽世間のイメージと入試の実際

桜蔭を受験する層が最上位生で、その次が女子学院、雙葉はさらにその次の層で勝負となりますが、前者2校の定員がそれぞれ240名なのに対し、雙葉は100名なので、楽な入試とは言い切れません。雙葉は、算数が若干やさしいため、理系のお子さんには受けにくいかもしれません。

桜蔭と女子学院ではかなり校風がちがいますが、サンデーショック（183ページ「注」参照）で女子学院の受験日が桜蔭と別の日になった年には併願する受験生が多数いましたし、「桜蔭がダメそうなら、女子学院を受ける」という考え方をする傾向があります。もちろん、桜蔭に入れるだけの成績であっても、最初から女子学院を熱望する受験生もいます。

入試問題の傾向もかなり異なります。

たとえば国語であれば、女子学院は長い記述がほとんど出題されず、選択肢と書き抜きが中心であるのに対し、桜蔭は記述しか出ません。算数は女子学院のほうがやさしいのですが、理科や社会は女子学院のほうが難しいなどのちがいがあります。また、桜蔭は算・国の配点が100点、理・社が60点であるのに対し、女子学院は全教科100点満点です。

そのため、コツコツと勉強していて、**教科ごとの凹凸が少ないゼネラリストの受験生は女子学院に有利**だといえます。教科バランスが悪く〝一発屋〟のような受験生にチャンスがあるのは、むしろ桜蔭のほうになります。

入試結果を見ても、女子学院が手堅く成績のよい順に生徒を確保しているのに対し、桜蔭のほうは、大半は成績順にいくものの、偏差値72の受験生が不合格になって、58の受験生が合格してしまう、などの番狂わせが起こっています。このためか07年の入試では、偏差値60台後半の受験生は桜蔭を敬遠し、女子学院に流れました。

自由な校風で知られる女子学院、優等生タイプが多い桜蔭というイメージのせいでしょうか、ひところ、「部屋がきれいに片づいている子は桜蔭、散らかっている子は女子学院」などといわれたこともありましたが、入試傾向からすると、むしろ**地道に勉強を積み上げていく子でなければ女子学院は合格できません**。

桜蔭の制服が、昔ながらの紺のジャンパースカートであるのに対し、女子学院は制服を着ても着なくてもよく、私服でもよいので、派手な学校と誤解されているところがあるようです。でも、実際には、学生らしいおとなしい服装で通っている生徒さんがほとんどです。

また、雙葉はお嬢さん、というイメージが強いようですが、雙葉生も他の学校の子と同じように、スカート丈を「調整」するなど、それなりに「今の子」です。

▽大学進学にいちばん有利な学校は？

女子御三家のどこを選んでも、結局は大学進学に向けては自分で塾なり予備校なりに通って勉強しなくてはならないのですから、「東大へ行くなら桜蔭」などと短絡的に考えないほうがいいでしょう。桜蔭に行ったから東大に入れるのではなく、もともと東大に入れる資質のある子が大勢集まっている、というだけのことです。**3校とも、大学受験について、学校が強力なサポートをしてくれるわけではありません。**

たとえば女子学院は、これまでは高校の数学の授業を文系と理系に分けて行っていたのですが、廃止してしまったそうです。文系の子が混ざっていたほうがいろいろな発想があって授業が面白くなるからという理由で……。なるほどと思わなくもありませんが、時代の流れに逆行しているようで残念にも感じます。

桜蔭も、ネイティブスピーカーの指導者によるオーラルイングリッシュの授業が中3になるまでないという、最近の私学には珍しいカリキュラムを組んでいます。上位生にとって、英語は物足りないとも聞きます。他教科についても、授業は基本を重視していますが、先生の話を聞かずに、塾の課題に精を出している生徒も珍しくないそうです。自主的にどんどん勉強する子はいいですが、そうでないタイプの生徒へのフォローはあまり期待できず、置いていかれてしまうようです。世間でよくいわれているとおり、あの華々しい進学実績は、塾や予備校がつくり上げているということかもしれません。

でも、ブランド校卒という「印籠」は魅力的なものですし、あって困るものではありません。社会に出て、人から一目置かれるための武器になるのは確かです。

また、ブランド校に入れる意義として最も大きいのは、志の高い学友とともに、いい刺激を受けながら6年間を過ごすという、得難い経験ができるということでしょう。ただし、勉強を重視する友だちが多い環境である以上、勉強ができなければ冷たい目で見られる、6年間、劣等感にさいなまれ、つらい思いをしかねないという面もあります。

桜蔭にするか、女子学院にするかは、**学力だけでなく、お子さんの性格や校風との相性**も考えて決めたほうがよさそうです。

▽友だち、将来…、いろいろ考えたら、桜蔭？　女子学院？

さて、2学期に入ったある日、ひとりのお母様から、電話をいただきました。

「娘は、中学で、本当にぴったりくる友だちを見つけたいと言っています。桜蔭にそういう子がいるかどうか心配です」

日曜日に本人とゆっくり話す約束をしましたが、これは答えの出せない質問だなあと思いました。確かに、**桜蔭のほうが「勉強ひとすじ」「東大一直線」「目指せ、医学部」という価値観**を持った生徒さんが多いと思います。

でも、女子学院だって、コツコツまじめに勉強する子でなければ合格できませんし、**堅実な努力家が多い**のです。

桜蔭特別コースの卒業生の中には、飛び抜けた資質にめぐまれ、鉄緑会《てつりょくかい》（中高一貫校の生徒を対象とする東京大学受験専門塾）で、開成や筑駒の男子をものともしない、断トツの成績を保っている生徒さんたちもいます。**彼女たちは人間的にも大変魅力的**です。周囲に気を配り、ふるまいが謙虚で、あらゆる面で自分を高めようと努力を惜しみません。こういうレベルにある人たちの比率が高いのは、やはり桜蔭かもしれません。

桜蔭卒業生である、四谷大塚出版の編集スタッフに、「桜蔭に行っていちばんよかったと思うことは何？」と聞いてみました。

答えは、「やっぱり友だち……かな」。

努力家で人格もすぐれていて、高い能力を持ったたくさんの友だちから影響を受けたことは、すごく貴重なことだったし、何よりの財産だということでした。

が、一方で、勉強さえできればいい、という価値観を持ってしまったり、自分よりも成績のいい子に嫉妬して、やってはいけないことをやってしまったり、親の期待に応えられない自分に悩み、自分を痛めつけてしまったり……。どの学校にも多かれ少なかれこんな事件はあるのだと思われますが、桜蔭もまた例外ではないようです。桜蔭に行けば、何もかもがすばらしいのだという幻想は抱かないほうがよいでしょう。

さて、女子学院に行った卒業生たちの話を聞いてみると、生徒さんたちに鬱屈した部分、屈折した部分はあまりないようです。むしろ、おとなしい子でも、自分の考えをちゃんと表せるようになるなど、自由で活気ある校風が生徒さんにプラスになっているように見受けられます。

もちろん、個性的で気の強い年ごろの女の子たちが集まるのですから、小さなトラブルは、当然あることと思いますが、学校からの締めつけがきつくないぶん、うまくガス抜きができているのかな、という気がします。

私の母校フェリス女学院もそんな感じで、**本当にいい学校生活**を送れました。

桜蔭に行って、いい友だちができるかできないか。

できると思う。

でも、すぐできるかどうかはわからない。気の強い人もたくさんいる。

でも、尊敬できるようなすばらしい人もたくさんいる。**自分のあり方にも関係してくるんだよ**。

こんな返事をするのが精一杯かなぁ……。

ともかく彼女の話をちゃんと聞いてあげるところからスタートです。

注　サンデーショック　キリスト教系の学校は「日曜礼拝」を行う関係から、2月1日が日曜日にあたった場合、入試日を2日（月曜日）にずらすことが多い。そのため、受験生が併願する学校の組み合わせが例年と変わってくるので、2日の受験校の母集団が例年と異なる。したがって受験動向も例年とはちがってくるので、受験対策が立てにくい。女子学院、青山学院、フェリス女学院、普連土学園、立教女学院、横浜雙葉などがキリスト教系。最近では2004年にサンデーショックが起きた。

志望校

男子御三家（開成、麻布、武蔵）、どこがおすすめ？

▽開成——東大進学率トップ、「知性・自由・質実剛健」を重んじ、勇壮な体育祭が有名

3校の中で、大学進学実績から最も支持されているのは**開成**でしょう。しかし、開成の現在の地位を築き上げた辣腕《らつわん》教師たちの多くが退職してしまい、今の開成の先生方の質はバラバラだという話も聞こえてきます。

国語の入試問題でいえば、記述型のテストに変わって何年かたちますが、出典選びから設問の作り方から、年度によってかなりバラツキがあります。国語科全体ですり合わせをしているというより、その年ごとの担当教員が、それぞれに作っているような印象です。合格者平均点が5割を大きく割り込む年もあり、適切な選抜ができているのか批判的な塾講師も少なくありません。

高校別の**東大進学者数は相変わらずダントツの全国1位**を守っていますが、2006年度は東大合格実績を大幅に減らしたことも話題になりました。同じ学校でも年度によって学力差はあり、教師陣も変わりますから、今年だけの現象でとどまるかもしれません。しかし、今後の大学進学実績

によっては、開成の評価が変わってくる可能性もなきにしもあらずです。

教師の質、教育内容やシステムについては、残念ながら、必ずしも在校生や親御さんの満足度は高くないようです。せっかく中高一貫なのに、中学と高校とで担当教員を分けたり、すばらしい授業をされる先生もいらっしゃる一方で、そうでない先生もいらっしゃったり……。そうした科目では、予備校なり塾なりの勉強をしている生徒が目立ちます。

もっともこれは開成だけでなく、桜蔭でも麻布でも同じこと。女子でも男子でも、特に都内の〝御三家〟をはじめとする**進学校に通う生徒の間では、塾通いが当たり前になっている**のが現実です。「友だちや課外活動・教養は学校で」「勉強は塾で」と割り切る声さえ聞かれます。

とはいえ、やはり「開成卒」の「印籠」には魅力があります。また、優秀な生徒が集まっているという「環境」も得難いものです。昔よりだいぶおとなしくなったとはいえ、勇壮な体育祭の伝統は今なお受け継がれています。

学習面については「自前で」という心づもりでいれば、学校生活そのものは満喫できることにまちがいはないでしょう。

▽麻布――自由で洗練された校風が魅力だが、現役合格率は……

開成がもともとはバンカラな下町の学校であったのに対し、麻布は洗練されたイメージがありま

志望校

す。多くの著名人を輩出しており、伝統ある名門校であることにまちがいはありません。開成同様、生徒管理は厳しくなく、**生徒の自主性に任せた自由な校風**が特徴でしょう。

先生の力量という面では御三家の中では最も評価が高いようです。たとえば、麻布の国語の入試問題は、（年度によって差はあるものの）昔から絶賛されています。物語1文章、記述中心のテストですが、問題を解き進むにしたがって主題に導かれていくという美しい設問展開で、私など、解いていて感動すら覚えてしまいます。

が、個性的な先生が個性的な授業をされる場合もあり、やはり大学入試に直結する特別なプログラムがあるわけではありません。他の御三家と同様、勉強するかどうかは本人次第。中には、遊んでしまう生徒さんもいて、学業とはちがう方面に走ってしまうこともあるようです。

東大進学実績としてはいい数字が出ていますが、たとえば、２００６年の国公立大医学部の現役合格者数は６人だけで、現役合格率はわずか２％です。開成の30人、7・6％、桜蔭の27人、11・4％と比べると、物足りない数字です。入り口の高さは開成とそんなに大きくはちがいませんから、入学後に羽を伸ばしてしまう生徒さんが少なくないのかもしれません。

ある麻布の卒業生は「ボクには麻布は合いませんでした。おすすめしません」と言っていましたが、彼は生真面目なタイプなので、そう感じたのでしょう。彼とは対照的にすごく楽しかったという卒業生もいます。個性の強い学校なので、お子さんの性格との相性をきちんと見きわめたほうがいいかもしれません。

▽武蔵――ユニークな教育プログラムに定評があるが、進学向きではなさそう

開成や麻布が都心にあり、神奈川や埼玉、千葉からも生徒を集めているのと異なり、武蔵は、地理的な条件から、郊外から受験できるお子さんが限られてくるといえるでしょう。

知識を詰め込んだかどうかよりも、ものの考え方や見方をはかりたいという意図があるのでしょう。入試問題がちょっと特徴的です。特に有名なのが、理科の「袋の中身」について考察する問題。たとえば、袋を開けると「ネット」が入っていて、それを伸ばしたりしてできる網目の形について記述する問題が出たことがあります。こういう入試では何が起こるか予測しにくく、模試などで偏差値的にはクリアしている受験生でもまさかの大失敗もありうるので、受けるほうとしては怖いものがあるでしょう。

入試の特異性と、低迷する大学進学実績もあってか、かつてのような人気は集めなくなってしまいました。

でも、**構内に川まである広大なキャンパス敷地**に、お子さん自身が魅力を感じることが多いようです。「総合的な学習」でユニークな取り組みをしていたり、よい学校生活が送れることは確かだと思いますが、大学受験については手厚いケアは期待できません。武蔵もまた、校風が自由で、「やる」か「やらない」かは本人次第。大学進学のための学習は、別のところで自前で、ということに

なろうかと思います。

もっとも、最近は巻き返しをはかろうという機運があるようです。これまでの教育方針のよい点はそのままに、もっと大学進学を意識した指導にシフトしようということのようです。今後、武蔵がどのように変わっていくか、注目されます。

▽女子御三家、男子御三家、本当に苦労して行くかいがあるのか？

男子御三家、女子御三家に共通していえることは、どの学校も伝統があり、個性的な校風が魅力であること、東京大学をはじめとする難関大学に入る資質を備えた生徒さんが多数集まっていること、学校では進路指導にさほどの重きはおいておらず、生徒さんは、塾や予備校で大学受験対策をしていることなどがあげられるでしょう。

改革などをしなくても、ブランド力で優秀な生徒さんがひとりでに集まってきますから、こうした学校の先生方はどちらかといえばのんびりしているように見えます。私の母校も伝統のうえにあぐらをかいているようなところがあり、歯がゆく思ったものですが、こうした点を承知済みであれば、いい環境で学び、御三家卒という世間的な評価も手に入れられるという点で、進学する意味はおおいにあると思います。

社会に出てからのOB同士の縦のつながり、ということでいえば、**開成と筑波大附属**以外は、意外と希薄なようです。一般的に思われているように、先輩とのコネクションによって将来的にも有利であるとはいえないので、あまり期待しないほうがいいかもしれません。

ねらいめ！　勢いのある学校は？〈女子編〉

▽おすすめの学校の見分け方

昔からの名門校には、伝統もあり、各界で先輩たちが活躍していますし、新進の学校にはない校風があると思います。そうした環境に身をおくのはとても意義深いことですが、**大学進学**に重きをおくならば、最近伸びている学校に目を向けるべきでしょう。手っ取り早いのは、**中学受験時の偏差値**（**入り口の偏差値**）**と、大学進学実績を比べてみる**方法です。

東大合格者数が指標とされがちですが、「大多数の生徒をどこに送り込んでいるか」を見るほうが現実的です。一部の優等生が東大には行くけれど、他の国公立大学や早慶上智への合格者数が少ない場合、「学校全体」のレベルが安定しているとはいえないからです。

また、**国公立大医学部への合格者数**を見てみると、「東大合格者数」だけではわからない、「上位層の厚み」が見えてくると思います。

偏差値50～60の学校が難関私立大に多数の「現役合格者」を出している場合も注目されます。学校

「入り口の偏差値」と「合格実績」を比べてみよう〈女子校編〉

	結果偏差値	卒業生（人）	東大（人）	慶應（人）	早稲田（人）	上智（人）	理系率（%）	現役率（%）
豊島岡	66・68・67	400	12	104	145	79	48	77
鷗友	61・61・64	226	1	24	59	14	40	78
晃華	58・59・58	132	4	22	35	11	28	82
光塩	56・57	133	1	17	23	17	31	80
吉祥女子	62・61・62	254	2	26	46	23	28	81
頌栄	59・60	220	1	63	79	34	不明	86
普連土	56・60・57	131	1	20	21	14	32	85

※結果偏差値は09年度入試データより。ほかは08年度

でしっかりした進路指導が行われ、進学に適した教育が実践されていることがうかがわれるからです。

▽おすすめはこんな学校

具体例をあげると、勢いのある女子校は、**豊島岡女子、鷗友学園女子、吉祥女子、晃華学園、普連土、頌栄、光塩女子**などです。普連土は、人数が少ないので目立ちにくいですが、**大学入試の共通模試の成績を見ると、学校別の受験生の平均点が、桜蔭、女子学院に次いで第3位**になったこともあるほどで、学校での**きめの細かい指導**がうかがわれます。

ところが、豊島岡、鷗友、吉祥女子などというと、祖父母やご両親が昔からのイメージをそのまま持っていて、志望校の候補にあげていないケースが多々あります。

たとえば、豊島岡は前身を「女子裁縫専門学校」といいますが、よき伝統を生かしながらも、今では進学校として注目されています。06年には**東大に14人を送り出し、国公立医学部の合格実績は女子学院よりも上**でした。今や人気、実力ともに〝女子御三家〟に並ぶ勢いです。

男子校では、前身を「曹洞宗《そうとうしゅう》専門学校」といった世田谷学園などが、こうした学校のひとつです（男子校については194ページからを参照してください）。

個人面談の際、親御さんに、こちらから「豊島岡は受けないのですか？」とたずねると、

「いやぁ、あそこはどうもねぇ。私の同級生でも行った人はいますが、〝裁縫学校〟ですよね」

「今はもう別の学校だとお考えください。説明会には行かれましたか？」

「いえ。どうも足が向かなくて……」

「ぜひ行ってみてください。通わせたくなりますよ」

こんなやりとりをしますが、親御さんが納得しても、同居のおじいちゃんおばあちゃんが、なかなか納得してくださらないこともあります。

「昔から知られている名門校でなければ、通わせる意味がない」と思われてしまうようです。

豊島岡とお茶の水女子大附属に合格した場合、**レベルや教育内容**を考えれば豊島岡に進学するのが普通ですが、おばあちゃんが、どうしてもお茶の水のほうが名門だと言って譲らず、家族内で深刻な対立が生じたという例もありました。


なお、こうした**個人面談**は、たとえば四谷大塚の場合、**4月、10月、12月**と、年3回設定していますが、この期間以外でも、希望があれば、随時行っています。

4月の面談では、塾での学習の様子などをお伝えするとともに、家庭学習の状況をうかがい、どんな学校を目指しているのか、そのためにどんな学習が必要か、などについて話します。

10月の場合、塾での様子や学習課題に加えて、**志望校の選び方**が中心になります。10月は1月よりも**現実的に志望校を選び直し、入試本番に向けて最終調整に入っていく重要な時期**だといえます。

四谷大塚では普段授業を担当している講師が面談するので、お子さんの偏差値だけでなく、性格や学力の特徴（記述は得意だが、言語要素に弱いなど）なども考慮して話をしています。

ねらいめ！　勢いのある学校は？〈男子・共学編〉

▽男子校のおすすめ校は？

男子校では、**巣鴨**がよい成果を出しています。入り口の偏差値が54（2月1日入試時）であるのに対し、22人の東大合格者を出していますし、国公立医学部合格者数は、他の有名男子校よりもずっと多くなっています。

一時期は今よりも評価の高かった巣鴨中ですが、学校説明会などで校長先生が「男子の教育は馬の調教みたいなもの」というようなことをおっしゃることもあり、子どもを預けることに躊躇《ちゅうちょ》してしまう親御さんが少なくないようです。

しかし、実際には、軍隊みたいなスパルタ教育をやっているわけではなく、先生方がきちんと責任を持って面倒を見てくれる学校です。教える先生によってばらつきが生じないように、それぞれの教科内でちゃんと話し合いをし、共通認識を持つようにしているそうです。また、さらなる進学実績のアップのために、よりきめ細かい指導へと手だてを講じているということです。

早稲田中も先生方の意欲が高く、行き届いた指導が受けられると評判の学校です。

▽共学の場合は？

共学の進学校は千葉や埼玉などに多く、駅から遠いなど地理的条件が必ずしもよくないこともあって、都内の学校に比べるとやや不利な状況にあるといえそうです。1月入試では、東京からも多数の受験がありますが、たいていは都内の学校に進学してしまい、抜けもまた多いのが実態です。

そんな中でも、**渋谷教育学園幕張**は、**千葉県のトップ校**として押しも押されもせぬ存在になっています。津田沼の代々木ゼミナールでは、県立千葉校と渋谷幕張の生徒は授業料が半額になるそうですが、トップ校として認知されていることを表しているといえるでしょう。開校当時の偏差値が40台であったことを考えると、驚異的な伸び方であり、それを支えてきた**先生方の意欲**がうかがわれます。

千葉県の名門校として、**東邦大東邦**も評価の高い学校です。**理系に強い学校**として定評があり、伝統校らしい落ち着きを持った、安心して通わせられる堅実な学校として人気があります。**入試問題も奇をてらわないベーシックなもので、塾関係者からの評判もよい**学校です。

近年共学化された**市川**も、多数の受験生を集めています。以前の市川は、大学受験の勉強は予備校でやってくださいというスタンスでしたが、共学化で進学指導についてどのような変化があるの

志望校

か、女子卒業生がどんな進学実績を出すのか、おおいに注目されるところです。

埼玉では、近年**「東大クラス」**を新設した**栄東**が受験生を集めています。「東大クラス」は中学入学時から東大現役合格に目標を絞ったハイレベルな授業を展開するというもので、2007年、定員25名に対し、678名の受験がありました。ただ、05年に始まったばかりなので、まだ結果は未知数です。今後の実績いかんによって、栄東の評価は定まってくるでしょう。

都内の有名共学校は、**早稲田実業、青山学院、成蹊、成城など、大学付属系が多く、一般的な進学校とはまたちがった傾向**を持っています。たとえば、青山学院から他の難関大学に進学する生徒さんもいますが、生徒の大多数が内部進学をする中で受験勉強をするのは、よほど意志が強くなくてはできないことでしょう。

共学進学校としては、**渋谷教育学園渋谷**が順調に大学進学実績を伸ばしており、また、女子柔道部が全国的な活躍をしていることもあって知名度を上げています。2006年の入試では、1回目から3回目の入試すべての出願者数が前年度より30%も増え、2007年では、さらに平均約12%伸びました。特に女子の応募者が増えており、2回目は前年比25%増、6日の特別入試にいたっては、女子の実質倍率は25・6倍という超狭き門となっています。まだ開校して13年の新しい学校ですが、開校時の偏差値は52くらいしかなかったので、これもまた、驚異的な伸び方をしているといえます。大学の現役合格者が多い（現役合格率82%）のも、この学校の特徴です。私の長女も同校でお世話になっていますが、学校全体に勢いがあり、先生方の熱意と意欲が学校をぐいぐいと引っ

「入り口の偏差値」と「合格実績」を比べてみよう〈男子校編〉

	結果偏差値	卒業生（人）	東大（人）	慶應（人）	早稲田（人）	現役率（%）
早稲田中	63・66	304	14	38	165	84
海城	61・65	383	44	157	203	50
芝	59・64	273	10	67	96	63
本郷	61・60・61	288	6	37	52	53
攻玉社	54・60・62	254	9	65	95	56
巣鴨	54・57	268	22	70	76	42
世田谷学園	53・56・55	208	3	39	42	60
城北	54・58・60	329	12	94	121	57

※結果偏差値は09年度入試データより。ほかは08年度

張っているという感じです。

▽自分の目で〝子どもを任せられる学校〟を選ぼう

こうした伸び盛りの学校は、**優秀な生徒を確保するため**に、塾との協力関係も大切に考えているので、私たちに対しても大変ていねいに応対してくれます。

女子御三家では、女子学院が塾への理解を示してくださっており、毎年、四谷大塚渋谷校舎へ校長先生がじきじきにお見えになり、保護者向けの説明会をしてくださいます。男女御三家ともにこんなことをしてくれるのは女子学院だけで、この説明会に参加した親御さんたちも、校長先生の温かいお人柄にふれて、ますます女子学院ファンになるようです。

桜蔭などは基本的に塾がおきらいのようで、問い合わせをしても塾関係者にはつっけんどんです。

かつては、入試応援のときに早朝から並ぶ塾関係者に向かって、水をまく国立中学もあったとか。

入試応援というのは、本番当日、主な学校の校門前に塾講師が出向き、塾生たちに声をかけ、応援するというものです。

実績を伸ばしている学校では、入試応援の際も校長先生自らが出てきて「塾の先生方、朝早くからありがとうございます」と挨拶をしてくださったり、温かいお茶をサービスしてくれたり、中には使い捨てカイロを配ってくれる学校もあります。

ものをくれるからというのではありませんが、塾関係者を大切にする学校の姿勢からは、**いい生徒さんを集めて、いい教育をしようという学校の意欲**がかいま見えると思うのです。

私が入試応援に行って好印象を得た**江戸川女子**なども、入り口よりはるかによい進学実績を出しています。

ブランド校の持つ魅力も否定できませんが、ルーティンワークに流れている先生が大半を占める名門校と、ネームバリューはいまひとつだけれど、意欲的な先生が集まって積極的な教育をしてくれる学校と、どちらがお子さんのためによいのか。

見かけの偏差値と、偏った口コミに惑わされない選択をしてあげたいものです。

学校選びのポイントは？

校風、教育内容、地理的条件、偏差値、ネームバリュー、施設、入試と子どもとの相性など、学校選びのポイントはたくさんありますが、つまりは、**「どこにどれだけ重きを置くか」**ということで選ぶことになるかと思います。具体例でお話ししたほうがわかりやすいと思いますので、長女の例をお話ししましょう。

わが家でも、**長女が中学受験**をしましたが、普通の月給取りであるわが家の場合、**「費用」も重要な条件**でした。慶應や青学、東洋英和はまず無理。

最もコストパフォーマンスがいいのは、なんといっても**豊島岡**でしょう。先生方の面倒見もよく、施設も本当に立派で充実していますが、授業料は下手な私立幼稚園よりも安いくらい。最近では、**とうとう女子学院を超えたといわれるほどの人気校になった**のもうなずけます。

次によいと思われたのが、**渋谷教育学園渋谷**でした。

入学金や授業料も高くないし、寄付金もなし。授業料免除の**特待生制度**や、失業などで学費が払えなくなっても通学できる制度が整っています。

渋谷という土地柄が気になりましたが、行ってみたら表参道寄りの閑静な一等地にあるので問題ないと思いました。校内を見学したときに自然に「こんにちは」とあいさつをする男子高校生の姿に好印象を得て、受験を決意しました。

娘はここに入れていただいたのですが、毎日が楽しくてたまらないようで、喜々として通学しています。受験で中断していたバイオリンのおけいこも、学校が開講している「弦楽講座」で、年間わずか1万円の費用で再開することができました。パワーポイントを使ったプレゼンテーションやディベートの指導なども魅力的です。

帰国生が多いので、英語をまったくやったことのない娘がやっていけるか心配でしたが、別クラスなのでまったく問題はありません。むしろ、入学式のスピーチも日本語、英語、それぞれの代表が行うというくらい、何かにつけて英語と接する機会があるため（帰国生は英語で談笑しながら廊下を歩いています）、自然と英語が好きになって、積極的に勉強しているようです。

入学した年の秋には隣接するビルの地下に大きな体育館ができると聞き、うれしい反面、「施設費の追加徴収……？」と一瞬固まりました。が、これは一切ないということで、正直言ってほっとしました。学校によっては、校舎の改築や施設の拡充のための費用を施設費や寄付金などの形で、臨時徴収されることもあるからです（中高一貫校とはいえ、高校進学時にあらためて入学金が必要なところもあります）。

授業料が今年度から1000円アップしましたが、それでも、諸経費入れて月々5万3千円で収

志望校

まっています（豊島岡は、これよりさらに2万円ほど安かったと思います）。

「入った学校に親子で満足できる」というのは本当にありがたいことだと思っています。

このほか、娘に受けさせたいと思ったのは、**普連土学園、頌栄女子学院、品川女子学院**でした。いずれも教育内容が高く評価されている人気校です。

特に国語講師の立場で見ると、品川女子の国語に対する意識の高さは際立っています。この3校のどこかに入学したとしても、満足していたことでしょう。

実際に子どもを通わせるとなったときに、十分に納得がいくかどうか。

そんなことを物差しにして、**いろんな学校を見て回る**ことをおすすめします。

第1志望、第2志望はともかくとして、第3志望より後は、偏差値で検討する方が多いのですが、それだけを基準に選ぶのは危険です。

第2、第3志望でも、子どもと一緒に学校見学に行ってみる。それが基本です。試験日が迫っていて学校内の見学ができないといった場合でも、**登下校の時間帯**にでもちょっと行ってみて、生徒さんの様子だけでも見てくるとよいでしょう。

なお、私立の場合、**通学時間に制限を設けているところもあります**。ただ、制限の有無にかかわらず、6年間通うことを考えると、**片道1時間半くらいまでが無理なく通える目安**ではないでしょうか。それ以上遠い場合は、実際に何度か通学・下校時間に足を運んでみて、電車の混み具合、バスの様子などを確認して決めるといいと思います。

学校見学でチェックしたいポイント

●アクセス（所要時間・乗り換え回数）はどうか？　駅から学校までの様子はどうか？

memo

●施設や設備・トイレはどうか？

memo

●生徒の様子・雰囲気はどうか？

memo

●先生方の様子・雰囲気はどうか？

memo

●説明会に集まった保護者の雰囲気は？

memo

※教育内容や校風などだけではなく、アクセスの便利さや学校の雰囲気など、「学校見学でないとわからないこと」をチェックしましょう。

学校選びでは「入試との相性」も大事なチェックポイント

もうひとつ、受験校を絞るにあたって大事な要因となるのが「入試問題との相性」でしょう。娘の場合を例にしてみます。

実は、娘には、私の母校フェリス女学院に行ってほしいなと願っていました。私自身、友だちや先生に恵まれ、自由な校風の中で楽しく有意義な学生時代を送ることができたからです。

フェリスの入試科目は、算・国・理・社の4教科。各科目とも、100点満点です（非公開なので推定）。娘は私に似て筋金入りの算数オンチなのですが、「計算」「一行問題」「応用問題」の順で並んだテストであれば、前半だけ確実に解き、難問は捨てるという方法でぎりぎりの点数を取れる可能性があります。あとは得意の国語でカバーするという作戦を立てました。

……が、算数科講師に相談したところ、「フェリスの場合、サービス問題もないので、下手をしたら0点だろう」とアドバイスされ、受験を断念しました。

娘とは反対に、「算数は得意だけれど、国語がさっぱり」というお子さんもいます。国語の記述が苦手だからといって、選択肢問題なら取れるとも言い切れません。**選択肢だとall or nothing**

ですから、大きく失点する可能性もあります。中途半端な理解であっても、**記述であれば中間点をもらえる**ので、むしろ点は取りやすいともいえます。

国語の場合、その学校の出題してくる**文章そのものの難度、長さ、文章のタイプ**などとの相性をはかることも、対策を立てるうえで大事な要素となります。

こんなふうに、「偏差値が届かないから、あの学校はねらえない」「苦手科目の配点が高いからダメだ」などとあきらめるのではなく、**「全科目トータルで合格ラインを突破する」**という考え方で戦略を練ることが大切です（講師の現実的なアドバイスは必須です）。

たとえば、桜蔭の場合。

桜蔭の入試科目は４教科です。理科と社会が各60点満点、国語と算数が各１００点満点です。配点の高い国語と算数が得意なら、文句なしですが、どちらかが苦手でも合格可能性は十分にあります。**４教科トータルで７割前後が合格ライン**だといわれているので、理科と社会でがっちり得点できていれば、算数、国語のどちらかが苦手でもカバーできるわけです。

ただし、算数・国語、合わせて１４０点はほしいので、一方が60点を切ると、得意科目で穴埋めし切れない可能性があります。そして、理科・社会は、両方合わせて96点は取らないと難しいでしょう。

入試問題や合格ライン、学校別の攻略法にくわしいのは、なんといっても塾の講師です。志望校の問題とお子さんの相性について不安があれば、**どんどん相談するとよい**と思います。

志望校

合格は“トータル”で突破する！

作戦の立て方

全科目トータルで合格ラインを突破すればよい

↓

得意科目で苦手科目をカバーする

↓

得意科目で何割取れるか？
＝
苦手科目でどれくらい落としてもOKか？

（例）国語でカバーし、算数は難易度の低いものを確実に取る

作戦の例

桜蔭の場合

科目数 4教科 **配点** 国・算＝各100点　理・社＝各60点

↓

特徴
- 国・算の配点が高い
- 合格ラインは4教科トータルで7割

→ **国・算が得意な場合**
有利！

↓ **国か算が苦手な場合**
理・社でカバーしよう！

ただし！
国・算は合計140点以上、理・社は合計96点以上取ること

成功する受験プランの立て方〈女子編〉

ここからの話は、中学受験の知識がある程度以上ないと理解しにくいかもしれません。わかりにくいと感じた方は、4章とあわせて読んでいただいたり、実際に中学受験の勉強を始めてから読んでいただければと思います。

現実的かつ役立つ情報に絞って書いてありますので、参考にしていただけたら幸いです。

▽中学入試のしくみ

東京・神奈川の私立中入試は2月1日から始まりますが、1月の間に千葉県や埼玉県、茨城県など、首都圏近郊の私立中の入試があり、多くのお子さんが受験します。ただ、これは「入試本番に慣れる」という目的で受ける、つまり**「試し受験」**とするケースが多くなっています。

2月1日の入試で合格を勝ち取れれば、もう終わりですが、いつまでも合格がもらえなければ、延々と続いてしまいます。

私立中学の中には、1回しか入試を行わない学校もありますが、2回、3回、4回と実施する学校もあります（**複数受験**）。学校のねらいは、大きくいって2つあります。ひとつは、本当に入学したいという熱意のある受験生に、**できるだけ多くのチャンスを与えよう**というものです。もうひとつは、他の難関校で合格を逃した**優秀な受験生を獲得しよう**ということにあります。

2回目以降の出願は、試験直前まで受け付けているところが多いので、入試が始まってから、**戦況に応じて出願する**こともできます。たとえば**豊島岡**の場合、2回目（2月3日）の出願については直前では間に合いませんが、3回目は、2回目の**結果を見て、その場で出願**できます。

今は、**入試当日にインターネットなどで合否結果を発表する学校も多い**ので、こうした直前の出願も可能ですが、それにしても**願書だけはいつでも出せるように記入して写真を貼って準備**しておかないと、相当バタバタすることになります。**品川女子**などは2月5日の第3回入試の出願を当日朝まで受け付けていますが、それにしても、翌日の入試当日には写真を持っていかなくてはならないので、**受験用の写真だけでも多めに焼き増し**しておかなくてはいけません。

一方、**どうしてもその学校に入りたい**という気持ちから、まとめてすべての回に出願するケースもあります。複数回出願すると、**受験料が安くなる**ことが多いのですが、それについては、各学校の入試要項に明記されているので、ホームページなどであらかじめ調べておくことができます。

▽複数回受験すると、有利になる学校もある

複数回出願することが、**合否判定に有利に働くかどうか**は学校によって違います。優遇措置の有無について、書類に明記されていなくても、**学校説明会**などで話してくれることもあります。学校説明会は、通常、前年の9月から10月に集中的に行われます。

たとえば、**豊島岡**は、複数回出願したかどうかではなく、たとえば3回目の試験を受けたときに、1回目、2回目の成績を合計したもので、もう一度審査をしてくれるというメリットがあるそうです。これは、3回目で合格されたお母様が、学校の先生から直接お聞きになったことです。

渋谷教育学園渋谷などは、まとめて出願すると受験料がかなり安くなるうえ、合否判定にプラス材料となるようです。渋谷渋谷は、本当に学校を気に入っている生徒さんを受け入れたいという意向が強く、あえて難関校と競合する2月1日に1回目の試験を実施しているのもそのためです。したがって、全回出願している受験生の熱意を考慮してくれることもあり得るわけです。

ただし、これもボーダーライン近くまで到達していることが条件ですから、複数回出願したからといって、合格を保証されるわけではもちろんありません。豊島岡にせよ、渋谷渋谷にせよ、1回しか出願していない多数の受験生が合格を勝ち取っています。「成績」が合否判定の絶対的な材料であることにかわりはないのです。

▽同じ学校でも、受かりやすい受験日と難しい日がある

2月1日に1回目の入試を実施している学校の偏差値を各回ごとに比較してみると、**都内の学校は、2回目以降の偏差値のほうが高くなる**傾向があります。

これは、男子校、女子校、共学を問わない傾向ですが、ここでは女子校の例を中心に見てみましょう。

四谷大塚の2007年度入試の「結果80偏差値」によれば、たとえば、**学習院女子**は1回目（2月1日）が62であるのに対し、2回目（3日）は64に上がっています。「結果80偏差値」とは、合格可能性が80%と予想される偏差値のことです。

頌栄は、1回目（2月1日）は58ですが、2回目（5日）は61です。**渋谷渋谷**は1回目（2月1日）は64ですが、3回目（3日）は66と、2ポイント上昇しています。**普連土**は1回目（2月1日）54が、2回目（2日午後）には61にも上がり、3回目（4日）も58と、1回目より4ポイント高くなりました。

なぜ、こうした現象が起きるのかというと、2月1日に桜蔭や女子学院を受け、2月2日の豊岡に不合格になった**女子校志向の上位生が、3日の学習院女子や渋谷渋谷、4日の普連土を押さえにくる**からです。「2回目以降の試験で、より学力の高い生徒を取りたい」という学校の意向どおりの結果が出ているといえます。

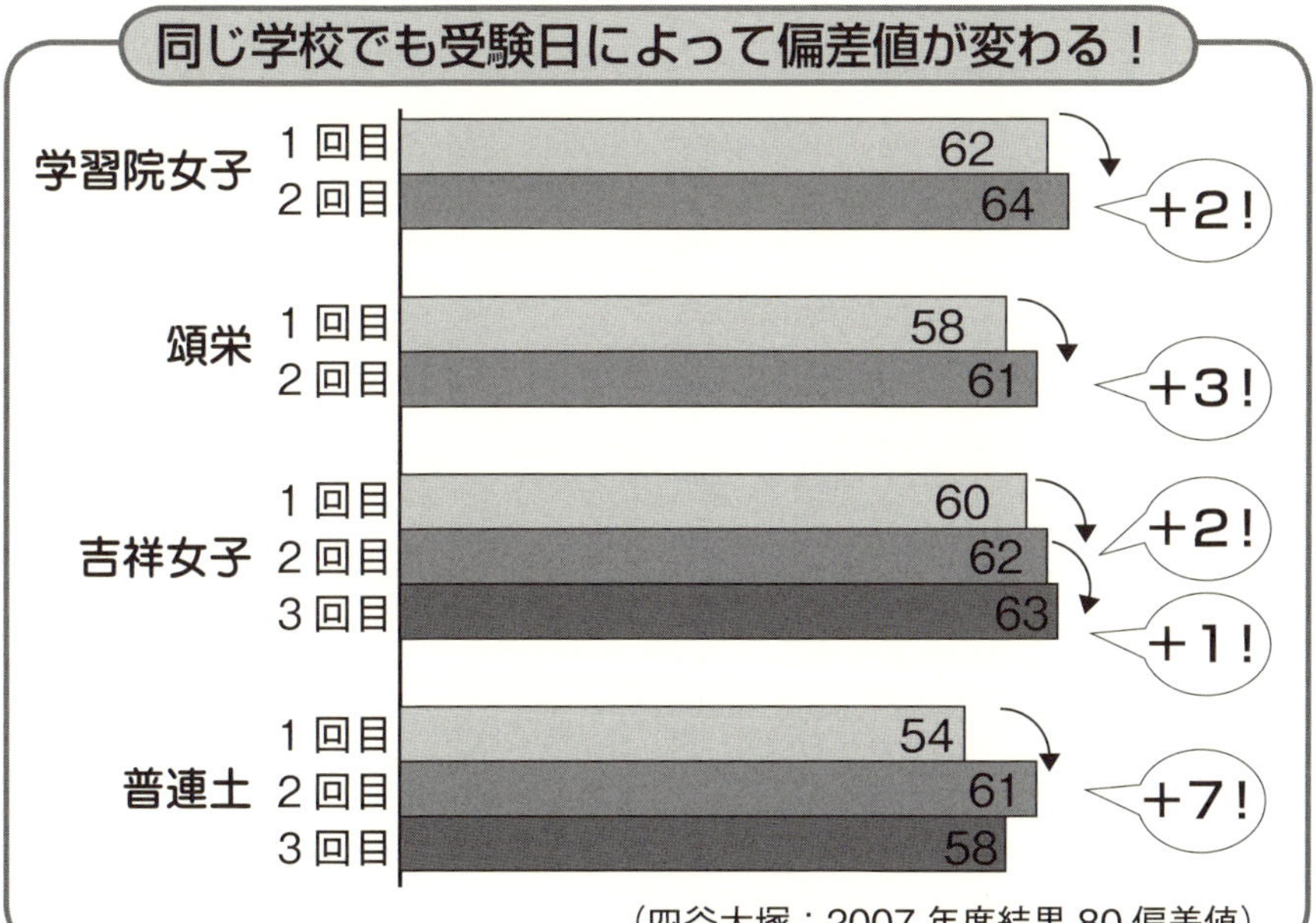

（四谷大塚：2007年度結果80偏差値）

学習院女子や大妻、普連土、頌栄などは伝統ある人気校ですから、第1志望にしている受験生が多数います。2月1日に合格を勝ち取らないと、**2回目は成績上位生と勝負する**ことになるので、かなり厳しくなります。

▽どの回も偏差値があまり変わらない学校は？

一方、1回目から3回目までの偏差値があまり**変わらない**学校もあります。

たとえば、渋谷渋谷が、2006年まではそうでした。女子御三家を志望する受験生が併願するケースがあまり多くなかったからです。共学校であること、繁華街である渋谷にあること、**新設校**で世間一般に対する知名度が低いことなどから敬遠され、2日は豊島岡、3日はより知名度が高く、伝統とブランド性のある東洋英和や学習院女子が受験生に選ばれる傾向があったのです。

ちなみに長女の受験に際し、わが家はこの傾向を**逆手**にとり、2月2日は渋谷渋谷に出願しました。御三家レベルの女子上位集団が2日は豊島岡に流れ、彼女たちと勝負しなくてすむ分、勝率は上がると判断したのです。

ところが、進学実績の躍進が注目されたのか、2007年の受験生の志望状況を見てみると、渋谷渋谷も御三家の併願校となりつつあります。2回目、3回目の結果偏差値は66となり、以前より入りにくくなりました。

▽千葉・埼玉は東京とは逆の傾向があるので注意！

さて、**千葉や埼玉の学校**は都内の学校とは対照的に、1月に実施する1回目の入試より、2月に行う2回目の入試のほうが偏差値が下がる傾向があります。浦和明の星67→64、淑徳与野63→59、東邦大東邦や市川も例年そうした傾向が見られます。

これは、都内の受験生のほとんどが、2月は都内の学校を受けるからです。

開智は3回とも1月に実施しますが、やはり偏差値は59→55→53と緩和していきます（女子の例）。

このような学校は2回目以降の受験がおすすめです。ただし、渋谷幕張は、2回目の入試も1回目と同じ69（女子）で相当厳しいものになるので、ここは安易に考えないほうがよさそうです。

なぜ、２回目以降は偏差値が上がる？

上位生が受験

入試日	
２月１日	桜蔭、女子学院
２日	豊島岡、渋谷渋谷、吉祥女子
３日	学習院女子、東洋英和、大妻

流入！

流入！

↓

２日以降は、
“押さえ受験”のための上位生が流れ込む

↓

偏差値を押し上げる

↓

御三家以外が本命なら、
１日に合格を勝ち取っておこう！

▽気になる今後の入試傾向は？

率直にいって、これればかりは毎年、「フタを開けてみなければわからない」というのが実情です。**6年生2学期以降**に行われる模擬テストで受験生の動向をにらみながら、作戦を立てていくしかありません。

でも、ひとついえるのは、入試の状況がどのようであっても、**早めに合格を勝ち取ることが大切**だということです。

健康にだけは自信のあったわが長女も、2月3日以降はひどい口内炎とじんましんで苦しみました。渋谷渋谷を2日に受けるか、3日に受けるか多少迷いましたが、2日に押さえておいて本当によかったと思います。

今まで想定していなかった学校も、万が一に備え、早いうちに見ておくことをおすすめします。

さて、模試から予想される受験生の動きと、実際の入試で見られた動きが、どれくらい一致し、どれくらいちがうのか、07年度の女子の入試を例に見てみましょう。

毎年、「いつ、どこを受けるか」という受験戦略を決めるうえで大きなポイントになるのが、上位生の動きです。**上位生が、いつ、どこを受けるか。**その動向によって、中堅校はもちろん、全体が影響を受けます。学校の偏差値も変わってきますし、受験対策も変わってきます。

２００７年度、慶應が入試日を2月3日に変更して2年目。3日に慶應を受けに行ったのは、押さえ校を確保して臨む〝慶應本命組〟と、桜蔭に合格した〝記念受験組〟。結果偏差値は72と、昨年、一昨年と同じでした。筑波大附属のほうが手が届きやすく見えるのか、桜蔭や豊島岡に合格している受験生も、そうでない受験生も受けに行っていました。記念受験組が、合格後すぐに辞退するので、補欠の繰り上げはどんどん進みます。5日ごろになって、補欠にすらなっていなかった受験生のもとに合格通知が届いたりもしました。ちなみに、記念受験はせず、3日には鉄緑会の入会テストを受けに行く上位生もかなりいました。

2月校の合格を手にしていないものの高い偏差値を持つ女子上位生は、3日は豊島岡に行きました。そのためか、結果偏差値はなんと69。50偏差値は桜蔭と同じ66。筑波大附属と2ポイントの差をつけて逆転です。この豊島岡の難化を読み、2日は豊島岡を避け、白百合にしようと考えたのか、白百合の模試での偏差値は66まで上がりましたが、結果的には64に落ち着きました。桜蔭の問題がやさしく手応えがよかったため、強気で豊島岡に向かった受験生が多かったのかもしれません。

今年もまた、頌栄は1ポイント上がり、結果偏差値は61となりましたが、これは模試の偏差値より1ポイント下がっています。受験者数そのものは去年より増え、駆け込み出願も多かったのですが、4日までに進学先を決めた上位生も、また多かったのだと思われます。

大筋は、模試などの動向をもとに立てていた予想どおりでしたが、細部まではやはり予想することはできません。冒頭の言葉と重なりますが、**早めに合格を確保したうえで、チャレンジ校に挑んでいくのがやはり一番**なのです。

志望校

成功する受験プランの立て方〈男子編〉

▽2月2日までに確実に押さえておくプランがおすすめ

男子については、女子における豊島岡のような、**上位生が必ず併願する学校**というのはありません。そのせいもあって、女子に比べると比較的シンプルな受験計画になります。

2月1日に御三家（開成・麻布・武蔵）に出願する受験生が、2日以降どこを受けに行くか、四谷大塚の開成特別コースのお子さんたちの実例を示してみます。

2日＝聖光、栄光、学習院、巣鴨（2回）、攻玉社（2回）、城北、本郷など

3日＝筑波大附属駒場、早稲田中、海城（2回）など

4日＝聖光（2回）、芝（2回）など

偏差値表で見ると、**早稲田実業、渋谷教育学園渋谷、世田谷学園**などを併願してもよさそうに見

えますが、実際のところは、ほとんどありませんでした。

ただし、渋谷渋谷については、近年の受験生の志望状況を見ると、併願校として選ばれるようになってきています。

早実は地理的なものもありますし（国分寺）、早稲田の付属校としての色が濃いため、**早稲田中のほうが断然選ばれています**。

開成特別コースの担当講師が、その教育実践のすばらしさで高く評価しているのは、**早稲田中**と**巣鴨**です。

巣鴨は、学校説明会での管理職のプレゼンテーションがまずく、進学させる気をなくす親御さんが多いのですが、入り口の偏差値にくらべて大学進学実績がすばらしく、安心してお子さんを任せられる学校だと、塾講師からは高く評価されています。

男子担当の講師は「校長が授業をするわけではありませんから」と説明し、おすすめしているようです。個人的に巣鴨のベテランの先生を存じ上げていますが、実力、お人柄ともに、すばらしい方です。

早稲田中は、女子でいえば豊島岡のように、面倒見がよく、生徒一人ひとりを大切にしてしっかり伸ばしている学校として、定評があります。早稲田大学の付属というのではなく、他の難関大学への進学を積極的に後押ししていて、**進学実績もしっかり出しています**。実際に通わせている親御さんの満足度も高い学校です。

志望校

3日の早稲田中はかなり偏差値も高く、**海城**も決してやさしくはありません。3日はこのほかに神奈川の名門校である**浅野**が受けられますが、都内には偏差値60ぐらいの手ごろな学校がそう多くありません。したがって、男子も**2月2日で確実に押さえておく受験プラン**にするべきでしょう。

男子上位生最後の砦として、6日に**渋谷渋谷**や**攻玉社**の特別選抜があります。が、やはり、ここまで合格がひとつもない状態で突入するのはリスクがありすぎるので、2月2日までに1月校を含め、どこかを押さえておいたほうがよいでしょう。

▽本命が御三家以外なら、2月1日の受験がねらいめ

前の項で、2月1日に1回目の入試を実施している学校の偏差値を、各回ごとに比較してみると、**都内の学校は、2回目以降の偏差値のほうが高くなる**傾向があると述べました。

四谷大塚の2007年度入試の「結果80偏差値」によれば、たとえば芝の1回目(2月1日)は58ですが、2回目は(4日)は63です。

また、海城の「結果80偏差値」は、1回目(2月1日)は60ですが、2回目(3日)は64、城北は1回目(1日)55、2回目(2日)58、3回目(4日)60と、上がっています。

2月1日は御三家など、1回しか入試をしない難関校に上位生が集まるので、**その他の学校は入りやすくなります**。2日は、こうした学校を上位生が押さえにくるので、偏差値は上がります。

つまり、**御三家以外が本命であれば、2月1日に受けるのが得策**な場合も多いといえるのです。3日は、自信のある最上位生は**筑波大駒場**、次の集団が早稲田、海城、浅野を受けにきます。そのため、**渋谷渋谷**などは、2日には64だった偏差値が3日には61になります。

4日以降も渋谷渋谷の特別選抜などがありますが、難関校に惜しくも合格できなかった上位生が受験を続けますし、4日以降は受けられる学校が減るため、偏差値が押し上げられる傾向にあります。

志望校

成功への道筋をつける！　失敗しない「1月校」の選び方

▽「1月校」とは？

東京・神奈川で入試が始まるのは2月1日。そこからが入試本番となります。

そこで、東京・神奈川の受験生は、1月の間に他県の学校を受験し、入試慣れしておくのですが、完全に**「試し」**である場合と、2月校がだめだったときに進学するつもりで受ける場合とがあります。いわば**「押さえ」**の学校を確保しておくわけです。

どちらにしても、1月校の場合、**確実に合格を勝ち取っておく**のが最大のポイントになります。

▽1月校の選定ポイントは？

1月のうちに合格を取っておき、**気分よく2月の入試を迎えるため**に、1月校の選定には気をつけなくてはいけません。ある程度難しい学校の合格を取れれば励みになりますが、うまくいかなかったときの心づもりをしておかないと、元も子もなくなってしまいます。

1月校は、**合格可能性**が高く、実際に行くことになったとしても**満足**でき、かつ**入試慣れ**するのにも向いている学校を選ぶことをおすすめします。

特に、近年は受験者数が増え、激戦化の傾向にあるので、**1月校の中から「行ってもいい」と思う学校を確保しておくか、2月2日で安全圏の学校を押さえておく**かしないと、4日、5日、6日ともつれこんだ末、全滅という悪夢のようなことになりかねません。

願書を提出するのは、1月校は12月、2月校は1月初旬。入試が始まってからも、学校や受験回数によっては願書を受け付けてくれますが、基本的にはこの時期に出しておきます。

私は、長女には国府台女子を受けさせましたが、次のような理由からでした。

- **在校生が礼儀正しく、きちんとしていること**
- **いわゆるお試し校ではなく第1志望者が多いため、受験会場の雰囲気が引き締まっていること**
- **偏差値的に余裕があったこと**
- **バスを使わずに、自宅から1時間以内で行けること**

そして、なんといっても、国府台の場合、塾講師が問い合わせると、受験した子の成績や順位を教えてくれるという得難いサービスをしてくれるのです（受験生等、個人からの問い合わせは受け付

志望校

けていません)。最近は、こうした評判が広まり、神奈川からも受験があるそうです。娘のほかにもクラスから2人受けに行きましたが、3人とも高順位につけ、気持ちよいスタートを切れました。ちなみにひとりは桜蔭、もうひとりはフェリスと、それぞれ第1志望の学校に合格しました。

万が一、1月校で不合格になってしまったときには、**塾を休まない**ことが大事です。お子さんが行きたくないといっても、首に縄をつけてでも引っ張り出すことです。塾に来て、気分を切り替え、**2月に向けてもう一度仕切り直す**ことが大事です。

▽1月校にはどんな学校がある? おすすめ校は?

佐久長聖(長野県)や**土佐塾**(高知県)、**函館ラ・サール**、**西大和学園**(奈良県)などは、1月校としてよく選ばれますが、**親元を離れて寮に入らなければならない**ので、進学するつもりで受ける受験生はあまりいません。あくまで入試慣れするための「試し校」でしょう。

女子上位生で、進学する可能性も含めて受験する学校としていち**ばん人気があるのが、浦和明の星**(埼玉県)で、その次が**淑徳与野**でしょう。そのほか多数受験するのが、千葉県にある**東邦大東邦、市川**です。**男子上位生**も、**東邦大東邦、市川**は多数受験します。男子の場合、**立教新座**(埼玉県)の受験も目立ちます。

男女ともに、偏差値表の高いところにある**渋谷幕張**(千葉県)ですが、ここは、御三家に合格する実力者であっても落とされることが多々あるので、志望順位が高くない限り、受験はすすめていません。それでも、腕に覚えのある受験生、渋幕ファンの受験生は果敢に受けにいきます。

ただし、本人の気がのらないまま、親御さんの考えなどで渋幕にチャレンジして不合格になったりすると、そのショックがずっと尾を引いてしまうことがあります。そして、そのダメージから立ち直れず、実力があるのに2月の本命校まで不合格になってしまうということも実際にあるのです。1月校は〝いい波に乗れるプラン〟で臨むのがやはり望ましいといえるでしょう。

志望校を受験するための引っ越しで気をつけることは？

▽通学圏や通学時間に制限がある学校も

受験のために転校するケースは、ときどき見られます。**住所の指定がある国立**はもちろん、**女子学院も通学時間に制限がありますし**、桜蔭のように遠距離だと**「物言い」がつく学校もある**ようです（桜蔭は、明確な条件はつけていませんが、ある県から受けにいったお子さんのお母様が、保護者面接の際に「誰が受けていいといったのか」と言われたそうで、ショックを受けていました）。

ある都心の有名小学校（公立）では、区立中への進学が当然だとして、私立受験生に対する風当たりが強く、途中で転出する6年生が続出したという話も聞きました。

▽6年生で転校しても大丈夫？

6年生まではともかく、6年生の途中で転校させるかどうかは、悩むところだと思います。ケースパイケースでなんともいえませんが、**精神的な安定**という面をふくめて、何らかのリスクがあるかもしれないということは覚悟しておかなければならないと思います。

私も、受験前年の9月、6年生であるにもかかわらず、長女を転校させてしまいました。横浜から都内文京区への引っ越しです。かわいそうだとも思ったし、無謀だとわかってもいたのですが、いろいろな事情があって決行しました。

横浜ののんびりした小学校から都心の学校に移り、素朴系の長女は、みんなが大人びて見えてとまどったようでした。転校してすぐに運動会だの学芸会だのと行事に追われ、何がなんだかよくわからないうちにどんどん2学期が過ぎていき、友だちもなかなかできず、毎日、前の小学校の友だちとメールを交わすことで、ストレスを解消してなんとか過ごしていた感じです。

受験生のメールは制限する必要がありますが、こんな事情だったのでついつい大目に見てしまい、これが学業の妨げになったことは確かでした。

先日、中学生になった長女に「転校のことは、ほんとに申し訳なかった」と話しました。するとと意外にも「今思うと、**あれはあれでよかったんだよ**。あそこで都会の子に慣れておいたから、渋渋（渋谷教育学園渋谷中）に行っても困らなかったもん。いきなり渋谷に行ってたら、なじめなかったと思う」と言うのです。

大変だったけれど、それが結果的にはよかったと言い切ったわが子のたくましさに、親ばかですが、ちょっと感動してしまいました。

4章

中学受験の実際を知ろう

「入試直前期」から「本番」をどう乗り切るか?
志望校合格を決める秘訣とは?

12月

本番に向けて、これだけはやっておこう

▽"本番服"に体をなじませておこう

11月、12月になると、私が担当する四谷大塚の「桜蔭特別コース」では、日曜日ごとに、本番と同じ教科順で、桜蔭そっくりのテストを午前中にします。午後にその解説授業をして、答案は、採点添削の後、成績データ表と一緒に1週間後に返却します。

全部で6回実施しますが、これはお子さんにとって、かなりいい経験になるようです。みんな、本番さながらの緊張感を持って、真剣に問題を解きます。

この試験のときに、**本番用の服**を着てくるお子さんたちがいます。

だいたいが、黒か紺のブレザーに白いブラウス、チェックのスカートといういでたちです。調節がきくように、上着の下にベストを重ねているお子さんもいます。ブレザーだときゅうくつに感じるのであれば、カーディガンでも大丈夫です。

靴は、上履きに履き替える学校も多いので、はきなれたスニーカーでよいと思います。

本番の服を着る練習はぜひしてみるといいと思います。できれば**髪型**も、本番と同じようにするとよいでしょう。

入試の日だからといつもと違ったことをするのはおすすめできません。本番にきりっと結ぶのであれば、1月になったら毎日その髪型にして慣れておくほうが平常心で試験に臨めます。

前髪が目にかかると暗く見えるので、これも当日ちょうどよい長さになるように少し前にカットしておくとよいでしょう。

▽筆記用具、腕時計など、持ち物で気をつけることは?

入試のときには、筆記用具のみを出して、筆箱はしまうようにいわれることがほとんどなので、**筆記具が転がらないように輪ゴムでとめて準備する**のをおすすめします。それから、**消しゴムは2つ用意**します。

マーカーペンなどで線を引きながら解くクセのあるお子さんは、当日はペンは使えないことを想定して、鉛筆でやるように切り替えましょう。

それから、教室の時計を見る習慣のあるお子さんも、**自分の腕時計**を見ながら試験を受けるようにします。試験中顔を上げる回数が多いと、試験官にチェックされる可能性があります。

ただし、学校によっては、腕時計は持ち込めないので、事前に確認しておくとよいでしょう。

▽荷物は網棚に載せず、必ず本人が持つ

以前、入試当日、電車の網棚に、受験票や筆記用具が入ったリュックを載せたまま忘れてきてしまった受験生がいました。

でも、お母様が学校近くにコンビニがあることを事前にチェックしていらしたので、筆記用具だけはそこでそろえ、学校に事情を話して試験を受けさせてもらうことができました。

お子さんが試験会場に入るのを見届けると、お母様はすぐに電車の遺失物係に行ってリュックを受け取って学校に持っていき、本人に届けてもらい（手渡しはできません）、無事に合格を勝ち取りました。

このようなこともあるので、**手荷物は絶対に網棚に載せない**ことも大切でしょう。

また、一度お子さんが試験会場に入ってしまうと、試験が終了するまで親御さんとは会えないのが普通ですから、持ち物はすべて必ず本人に持たせることです。

当日に向けて、少しずつ気をつけることが出てきます。**日ごろの習慣は本番でも出る**ものです。試験中の姿勢なども試験官に見られています。今から修正できるものは、修正しておくよう心がけましょう。

12・1月

願書を書くとき・提出するときのポイント

▽1月校の〝押さえ〟が重要になってきている

12月に入ると、いよいよ入試が目の前にせまってきます。受験生のいるご家庭では、2カ月後の今ごろはどうしているだろうと思ってしまうことでしょう。

東京・神奈川で入試が始まるのは**2月1日**から。特に入試が集中するのは、1日から3日にかけてです（↓163ページ）。

近年、中学受験者が増え、激戦化の傾向があるため、早めに合格を取っておこうという堅実な受験計画を立てる人が多くなり、5日や6日の受験者数は減る傾向にあります。

でも、結果偏差値で見ると、昨年よりも上がった学校が多いので、今後の入試でも油断はできないでしょう。

▽複数回受験の実施校は、1回目合格をねらおう

先ほども述べたように、複数回の入試を実施している学校を第1志望にしている受験生は、**1回目の試験で合格しておかないと、2回目以降は入りにくくなる**と思います。

「女子の入試は厳しさを増している」という情報がこれほど流れていても、志望校調査をしてみると、**強気の出願パターン**を組んでいるご家庭がまだまだ少なくないのが実情です。せっかくここまでがんばってきたのだから、少しでも偏差値の高い学校に入れたい、当日の試験がうまくいけば運よく合格できるかもしれない。どれもごもっともですが、でも、何が起きるかわからないのが入試です。

お子さんの力を信じることも大事ですが、不測の事態に備えて、**今まで視野に入れていなかった学校であっても願書を取り寄せ、状況に応じていつでも出願できるように準備をしておく**ことが大切です。

▽願書を書くとき・提出するときのポイント

願書を提出するにあたっては、次のようなことに気をつけましょう。

まず、**願書のコピー**を取ってそこに**下書き**をし、文字の大きさや配分などを確認します。それを

願書を書くときのポイント

ポイント1 **コピーを取って下書きをする**

ポイント2 **黒いペンで記入し、「です」「ます」を使い、学校のことは「貴校」と書く**

ポイント3 **志望理由**
- 教育方針・モットーや校風への共感
- 文化祭の印象
- 家庭の教育方針
- 子どもの将来

ポイント4 **塾の先生にチェックしてもらう**

見ながら記入すると失敗がありません（念には念を入れて、**願書を2部購入**する方もいらっしゃいます）。**黒いペン**で記入するのが普通で、青インクや細いボールペンは避けたほうが無難でしょう。

志望理由は、学校のモットーや校風への共感、文化祭などで受けた好印象、家庭の教育方針、子どもの将来への展望などからまとめます。学校のことは**「貴校」**と称するのが一般的で、**「です」「ます」の敬体**で書きます。丁寧に書こうとするあまり、過剰な敬語表現やくどい言い回しになってしまうこともあるので、一文が長くなりすぎないように、**わかりやすく簡潔に書く**よう心がけます。この中で、お子さんの**特技**などアピールしておきたいことがあれば、入れてもよいでしょう。

ただし、願書の仕上がり具合で合否が決まるわけではないので、あまり神経質にならないことです。どうしても不安であれば、塾の先生などにチェックしてもらうといいでしょう。

記入が終わった願書は、コピーして、手もとに残しておきます。特に面接がある学校の場合、**願書に記入した志望理由などを見ながら質問してくる場合もある**ので、面接前には再度、見ておくようにします。

さて、**出願の日**。受付時間のずいぶん前から行列ができていたりします。なぜか昔から、早い受験番号を欲しがるご家庭が多いのです。外で待つのは寒いので、講堂などに入れてくれる学校がほとんどですが、早く出願するほうが有利だというのは、まったくの誤解です。早い番号を取れば面接が早く終わり、早く帰宅できるということかもしれませんが、必ずしも番号順に帰れるわけでもありません。出願期間は何日間かありますから、混雑する初日に無理に出願せずに、すいている次の日以降にゆっくり出しにいってもいいでしょう。

▽悔いを残さないために

第1志望への思いが強すぎて、不合格のショックからなかなか立ち直れずに、せっかく第2志望に合格できても喜べないという親御さんもいらっしゃいます。

お子さんを合格させてあげられないと、私たちも本当に申し訳ない気持ちになります。

でも、やるだけのことをやったら、あとはもう人知を超えた、どうにもならないものがあるように思えるのです。

当日舞い上がってしまい、頭の中が真っ白になってしまったとしても、それはお子さんのせいではなく、仕方なかったとしか言いようがないと思うのです。

まさに「人事を尽くして天命を待つ」ことだと思います。

できることはすべてやったのだから、どんな結果が出ても悔いはない。

そう言い切れる入試になるように、残された日々を過ごしたいものです。

冬休み

受験生の年末年始は？

▽インフルエンザの予防接種を受け、万全の風邪予防を

冬休みに入るとすぐに冬期講習が始まります。この時期、クラスのお子さんたちのほとんどがマスク姿になります。なかには、医療用の、頭からひもを掛けるマスクでがっちりガードしているお子さんもいて、なかなか壮観な眺めとなります。もちろん**風邪予防**のためです。**インフルエンザの予防接種**もすませているお子さんがほとんどです。いよいよ大詰め、健康管理には十分注意しなければなりません。

私たちもお子さんの健康を第一に考えますから、授業中のマスク着用はもちろんのこと、のどあめや、トローチ、水分補給も認めています。

▽受験直前、何を勉強すればよいか

さて、このお正月、受験生はどうやって過ごすのでしょう。

貴重な年末年始の休みを無駄にしないように、どのお子さんも**やることをきちんと決めて**います。

あるお子さんは、勉強の邪魔にならないようにと弟や妹はお母さんが実家に連れて帰り、お父さんと2人、家に残って、毎日18時間勉強したのだといっていました。

そこまでしないまでも、やることをきっちり決めてスケジュールを立てることが大切でしょう。

親御さんがエクセルなどを使ってフルカラーの学習計画表を作成していたり、お子さん自身がスケジュールを手づくりしていたり、取り組み方はさまざまです。

苦手教科の苦手分野をおさらいするのが最優先ですが、**過去問**がはかどっていなければこれを進めておくことも大事です。

国語は、「語句の意味用法」「同訓異字、同音異義語」「慣用句」をやり直しておきます。

算数は、とにかく毎朝、計算問題を絶対にまちがえないように確実に解くことと、苦手単元の徹底的な復習をします。新しいものに手を出すというよりも、**今までやったものが確実に身についているか**を確認するべきでしょう。

理科、**社会**は、苦手分野の反復学習に加え、**時事問題対策**も必要です。秋に各塾から「時事問題集」（四谷大塚では『ニュース最前線』）が出るので、それをしっかり読んで、関連する単元の基本事項を確認しておくことも大事でしょう。

中学受験の実際

▽本番当日と同じ生活スタイルに慣れておこう

そのほか、生活面では、**朝型**に切り替えていくようにします。入試本番ではだいたい8時くらいには試験会場に着くことになるので、余裕をもって**6時前に起床する**ことになるでしょう。年が明けたら朝型にして、早寝早起きを励行することが大切です。

そして、朝一番で計算問題をきちんと解いて、**脳にスイッチを入れる練習**をして、**朝からしっかり働く頭**をつくっていきます。

▽1月は学校を休ませたほうがいい？

1月に入ると、学校にはまったく行かなくなるお子さんもいます。1月前半だけ行って後半は休む、最後の1週間前だけ休む……など、さまざまなケースがあります。どれがいい、悪いということはいえません。

学校で風邪などがはやっていたら休ませたほうがいいでしょうが、学校に行ったほうが楽しい、気晴らしになる、生活のリズムがくずれなくていいというお子さんであれば、休ませて家に缶詰にして机に向かわせるのは逆効果かもしれません。

ちなみに私の長女は学校には行きたいと言い張り、前日まで行っていました。クラスの中学受験組のほとんどは、かなり前から欠席していたようです。他の人がどうしているかではなく、子ども自身がどうしたいのかを優先してあげてよいのではないかと思います。

1月

1月校の入試がスタート！

▽1月初旬はまだ〝試し受験〟が多い

冬休みが明けるとすぐに、東京・神奈川以外の入試が始まります。1月7日の**常総学院**を皮切りに、8日の**土佐塾**（東京入試）、**那須高原海城**、**佐久長聖**（東京入試）、**茗溪学園**、**函館ラ・サール**（東京入試）と続きます。うちのクラスからは、10日の**西武文理**、**栄東**、11日の**開智**、14日の**浦和明の星**などに出陣していきます。土佐塾は高知、佐久長聖は長野にある学校です。

当然ながらこうした学校の出願は12月の間にしなくてはならないので、遅くとも**12月の初めには願書を記入しておく**べきでしょう。わざわざ取り寄せなくても、塾に置いてある場合も多いので、講師や事務スタッフにたずねてみるとよいでしょう。

〝試し受験〟という感覚があるため、まだ、それほど緊迫感はありません。でも、本物の入試であることには変わりないので、実際の入試はどう行われるのか、経験してみなければわからないことがたくさんあります。当然ながら、**お母さんも付き添う**わけですが、お子さんの試験が終了するまでの時間の過ごし方など、学校によって差異はありますが、お母さん自身も勝手がわかっていたほうがいいでしょう。

▽1月中旬に合否発表、1月後半から〝押さえ受験〟へ

1月中旬、合格の報告が続々と入ってきます。特待合格、東大選抜への合格などうれしい報告もあり、試しとはいえ、合格を取ったお子さんはどこか誇らしげです。

クラスの仲間が好調なスタートを切ることは、他のお子さんにとっても励みになります。**1月後半の入試のほうが難度も高く、進学する可能性も含めて受験する**ので、クラスのムードは前向きであるにこしたことはないのです。

さて、**浦和明の星**の入試を2日後に控えた12日のこと。

お子さんたちはどこか不安なのでしょう。なかなか帰ろうとせず、いつまでも私の机のまわりにいました。

「先生は応援に来てくれないの？」

「ごめんね。朝から授業が入ってて……」

「そっかー。受験生だけで2000人だから、すごそうだね」

「付き添いもいるし、塾の先生とかもいるしね。人数に圧倒されちゃダメだよ。自信を持って行っ

てらっしゃいね」

浦和明の星は、女子上位生がこぞって受けにいくので、そう楽々とは合格を取ることはできません。

浦和明の星の合否が2月1日の合否を占うものとはならないので、結果については冷静に受け止めたほうがよいでしょう。

とはいえ、やはり合格の切符は欲しいものです。

万が一不合格だったときには、問題を持参して塾の先生に相談にいき、失敗の原因を確認して、気持ちを切り替えて次に臨むことが大切です。

本人よりも親御さんのほうが動揺するケースも多々あります。

お子さんを叱っても何にもなりませんから、それだけはしないことが大事です。

かといってへんに気をつかって、**なだめたりおだてたりすることもない**と思います。

「お母さんも悔しいけど、まあ、縁がなかったんだから、しかたない。あなたを待っている学校が必ずあるんだから、そこに気持ちよく合格すればいいよ！」

と、きっぱりと言ってあげられたらいいのではないかと思います。

ここまできたら、体力と精神力の勝負です。

2月

1〜3日、4日以降の入試の流れは？

▽難関校が集中する2月1日

東京・神奈川の入試は2月1日から始まり、特に3日までに集中して行われます。慶應と国立中を除く**超難関校の入試は、2月1日、1度だけ**です。たいていの学校が**2日か3日に合否発表**をするので、1日の夜の時点では、まだ何も決まりません。そこで、2日も、どこかしらの学校を受けにいくのが普通です。

2日の学校は、**合否をその日の夜に発表する**ことが多いので、2日で第2志望に合格できていれば入試はこれでおしまい。あとは1日に受けた学校の結果待ちということになります（桜蔭の場合は、2日の2時ごろに結果がわかります）。

2日の学校が第3志望であったり、不合格だったりした場合には、さらに3日も受けにいくことになります。3日は、筑波大駒場、慶應中等部、筑波大附属という難関校の入試がありますが、1日ほどの盛り上がりや緊迫感はありません。むしろ関心は、男子であれば早稲田中、海城、浅野など、女子であれば豊島岡、東洋英和、学習院女子などに向きます。

さて、慶應や国立はさておき、3日のうちに合否を発表する学校も多いので、**この日の夜の時点で、多くの受験生が受験を終えます。**

それでもなお、入試そのものは続きます。3日の結果待ち、あるいは不合格だったお子さんは4日もまた朝早くから試験会場に行くのです。男子では、聖光学院、芝、城北、世田谷学園、女子では、豊島岡、鷗友、吉祥女子、普連土、まだまだいい学校が待っていてくれます（市川、浦和明の星、鎌倉女学院なども受けられますが、都内の受験生のほとんどは、都内の学校に流れていきます）。……でも、いい学校の入試は甘くないわけで、ここでもまたふるい落とされてしまうと、さらに5日にもつれこみます。

5日、6日になると受けられる学校の数は、ぐっと減ります。男子上位生であれば、攻玉社、本郷、女子上位生は、頌栄、晃華がターゲットになります。6日の渋谷渋谷特別入試は、算数と理科と作文（点数化はしない）なので、文系女子には向きません。神奈川では、逗子開成、公文国際、鎌倉学園などの人気校が受けられますが、都心から受けにいく受験生は、ほとんどいません。

7日でも入試を実施する学校がごくごく少数ながらあります。偏差値でいえば40前後で、少しでも学力の高い生徒さんをすくいとりたいという強い希望を持った学校だといえるでしょう。

▽受験は幸せになるためにある

こうして、**5日前後に入試は、一段落**つきます。そして、数日後には、新学年がスタートします。

そのため、塾では1月末がいわば〝最後の授業〟になります。

今年の〝最後の授業〟の日のこと。授業の最後に、一人ひとりにメッセージを書いて渡しました。

それと、娘の話を少ししました。

「うちの長女も去年受験をしました。私と同じで、算数がどうにもならない子でした。第1志望も第2志望も落ちてしまい、第3志望の学校に通っています。私はこの仕事をしているおかげで、不合格というのもまぁありだな、というのはわかっていましたから、とにかく縁のあった学校でいい6年間を過ごしてくれたらいいなぁとそればかり思っていました」

みんな、身じろぎもせずに聞いてくれています。

「娘は今、学校が本当に楽しいっていって、バイオリンと英語とサッカーに夢中になってます。女の子なのに、なんとサッカーやってるんですよ。面白くてしかたないみたいで。本人もこの学校でほんとによかったといってるし、私もそう思ってます。**要するに、いい6年間が過ごせればいいと**思うんです」

じっと私を見つめるたくさんの目。

「**みんな、幸せになるために受験するんでしょ？**　合格できたらすごくいいよね。不合格だったらそりゃあ悔しいし、悲しい。けれども、不幸になるわけじゃないんだよ。**第1志望に合格できても不合格でも、どっちに結果が出ても幸せになれるし、幸せにならなきゃいけないんだよ**」

「どこの学校に決まっても、ぜひ制服姿を見せにきてほしいの。こんなこと男の先生が言ったら、あやしいけどね」

あはははっという笑い声。

「みんなが立派に中学生になって、制服着て、楽しくやってるよって報告にきてくれるのが、私たちにとって何よりもうれしいんです。そして6年後、大学生になったら、監督員としてここにバイトしに戻ってきてね」

うんうん、とうなずく子たち……！

「じゃ、2月1日に会いましょう！」

……今年度の生徒さんもみんなかわいい、いいお子さんたちでした。

1・2月

面接では何を聞かれる？　どう答える？

▽事前に配られる「アンケート」には何を書けばいい？

今は、面接は廃止される傾向にあり、実施されるとしても、**子どもだけの面接、親子面接がほとんど**で、子どもの面接とは別に保護者の面接をするところは珍しいといえます。保護者だけの面接を行う学校には、**桜蔭、秀明、淑徳学園**などがあります。帰国生の入試のみ、保護者面接がある場合もあります。

昔とちがい、今は、原則として親の職業などをたずねられることはないのですが、そのかわり、親のほうから自主的に申し出ることができるように、**「アンケート」**という形で用紙を保護者に渡します。

それには、家族を記入する欄と、志望理由などを自由に記述する欄が設けられており、これを入試当日に持参し、面接官がそれを読みながら保護者とやりとりをするという形で面接が行われます。

「何をどんなふうに書いたらよいでしょう」という相談を毎年受けますが、要するに**「聞いてほし**

いことは書き、聞かれたくないことは書かないようにしてください」とお答えしています。

ただし、たとえば親の職業欄に「会社員」とだけしか書かれていないと、会社名や職種などをきかれることもあるので、**支障のない範囲で、具体的に**書いたほうがよさそうです。

親の職業や学歴の欄は広いので、書きたい人は、「父　東京大学卒、開業医」「早稲田大卒　○○会社　△△部長」などと書けばよいでしょう。「母」の欄には**「主婦」**と書く人が多く、たまに「慶應大学卒」などと書き足す人もいます。

志望理由についても然りです。毎年何人かのお母様が「おかしなところがないか、添削してください」と下書きをお持ちになるので、読ませていただいていますが、みなさん、**学校の教育方針への賛同、文化祭のときに得た好印象**などにふれながら、まとめていらっしゃいます。

▽面接で受験生は何を聞かれ、どう答えればいい？

さて、受験生への面接の仕方にもいろいろありますが、時間をかけずに効率よく、ということで、ドアのノックは省略するのが普通です。椅子に座ったり立ち上がったりする時間を節約するために、立たせたまま面接する学校もあります。椅子に座って面接する場合でも、礼をせずに、すぐに着席するよう指示されることもあるので、その場合は、指示どおりにします。

質問内容はさまざまですが、おおよそ次のように大別できると思います。

①　**受験生本人について**
②　**家族について**
③　**学校や友だちについて**
④　**志望理由**
⑤　**あることがらについての考えを述べさせる**

①　受験生本人について

具体的な項目は、「**好きなこと**（もの、教科、趣味、テレビ番組など）」や「**尊敬する人物**」「**自分の性格**」「**生活の様子**」などです。自分のことについて、何を聞かれてもいいように、想定される質問に対する答えをあらかじめ用意しておくとよいでしょう。そして、「なぜそれが好きなのか」「なぜそうするのか」という**理由づけ**までできるようにしておきます。

かっこいいことを言う必要もなければ、卑下しすぎる必要もありません。**12歳の子どもとして無理のない答えのほうが好印象を得る**でしょう。ただし、たとえば尊敬する人物として芸能人の名前を挙げたりするのはよくありません。「どうして尊敬しているのですか?」という次の質問に対応できるように、身のまわりの人でも、先生でもかまわないので、考えておきましょう。

自分の**性格のいい点**と**悪い点**を説明できるようにしておくことも大事です。世の中には「明るく元気なことがいいことだ」というような風潮があるようですが、だからといって、おとなしい自分を無理に明るく演出する必要などありません。以前、面接試問（塾で行う面接練習）をしたとき、明らかに内気そうな男の子が死にそうな声で「明るい性格です」と答えたことがありましたが、堂々と「おとなしいと言われます」「静かな性格です」と答えてかまわないのです。

② **家族について**

②についても、何も理想の家族を演じることはありませんから、兄弟ゲンカをするならする、お母さんから叱られるなら叱られると答えていいでしょう。ただし、この場合も「どんなときにケンカになるのか」「どんなときに叱られるのか」と聞かれても答えられるようにしておきます。

見栄を張る必要はありませんが、「お父さんはいつも忙しくて、ほとんど口をきいたことがない」といった、**家族の意思疎通**がうまくいっていないような発言は控えたほうがいいでしょう。

③ **学校や友だちについて**

③でいちばん気をつけたいのは、自分の小学校や先生、友だちの**悪口**です。担任に対する不満があったとしても、面接の場で言うには不適切です。言い方を変えて「はっきりとした先生です」などとしたほうがいいでしょう。

④　**志望理由**

④は、**書類に書いて出したことと矛盾しないように、しっかり準備**しておきます。「貴校の教育方針が……」などと堅苦しいことではなく、「文化祭のとき、○×部の発表がすばらしかった」とか、あるいは自分の将来の夢と重ねて答えるのもひとつでしょう。

⑤　**あることがらについての考えを述べさせる**

たとえば、その場で写真を渡されて、それについてどう思うかを聞かれたり、「もし、いじめられている友だちがいたらどうしますか」とか、「最近気になる社会の出来事は?」とか、何が飛び出すかわかりません。即答できなくてもかまわないし、何も思いつかなければ、「すみません。思いつきません」と答えても大丈夫です。あせって奇妙なことを口走るよりはましです。

面接の先生方は、決して受験生をいじめようとしているのではなく、なんとか緊張を解いて、考えや思いを聞かせてほしいと、愛情をもって臨んでくださっています。**すらすらと話せなかったからといって不合格にされることはない**のですから、一生懸命やればそれでいいのです。

▽保護者は面接でどんなことを聞かれる?

さて、保護者が面接で聞かれるのは、**教育方針や子どもとのかかわり方、志望理由**などです。子

中学受験の実際

どもの面接のようなびっくり問題はまずないので、心配いりません。お子さんの面接同様、すらすら話せなくても、言葉に詰まっても、面接官と大げんかでもしない限り、不合格にされることはないので、**ナーバスにならないこと**です。

保護者だけの面接の場合、担当の先生によっては、**母親が働いている**ことについて突っ込みを入れてきたり、母子家庭の親に対して「経済的には大丈夫なのか」「いつ、なぜ離婚したのか、子どもは納得しているのか」など、あれこれ聞いてきたりすることもあります。しかし、今のご時世、離婚している家庭は決して珍しくなく、そのことで受験に不利になることはまずありません。ですから、何を聞かれても、何を言われてもおろおろせず、気にしないことです。小学校のお受験では、親の面接について、持ち物から、座り方、汗の拭き方にいたるまで、こと細かに指示があるようですが、中学受験ではまったく様相は異なります。

服装についても、清潔で常識的な格好であれば、問題ありません。**黒や紺、グレーなどの落ち着いた色のスーツ**に、**黒の革靴**といういでたちの方がほとんどです。お父様の場合も、ごくごく常識的なスーツ姿です。

実際の面接がイメージ通りにいかなかったからといって、何も悔やんだり、気にしたりすることはありません。失敗したと思っても、合否にはかかわりません。すべてはお子さんの**学力**です。

2月

1日、御三家ほか人気校の入試が集中する日の様子は？

▽毎年、人気校の入試日が集中する

今年（07年）、2月1日の私の日記を見ながら、この時期の塾やお子さんたちの様子をレポートしてみます。

2月1日。いよいよ入試本番スタートです。この日は、例年、男女御三家をはじめ、**難関校、人気校の入試が集中**します。

桜蔭の**入試応援**に向かうべく、早起きしました。スタッフの集合時間は6時45分。家から近いので自転車で行きました。塾の監督員として私たちの補助をしていた学生さんたちは、前日、後楽園のホテルに泊まり込み、「桜蔭の旗（社会の先生の奥様が手づくりしてくれたのぼりで、壮行会で生徒一人ひとりが「頑張るぞ！」などと書き込みます）」を持って一番乗りしてくれました。

すでに学校前の道には、塾スタッフが並び始めており、私も合流しました。

長袖を4枚重ね、さらに、背中と肩にホカロンを張り、ブーツの中に中敷きタイプのホカロンを仕込み、タイツを二重履きしてきたので、寒さは感じません。雨で寒かった去年と比べ、今年はうそのように暖かい入試応援です。

平日なのに、5年生の見学者がけっこう来ているのに驚きました。ランドセルを背負って来ている子もいたので、このあと学校に直行するのでしょう。

6年くらい前から、5年生の姿を見かけるようになりました。桜蔭だけでなく、開成にも来ているし、豊島岡でもかなり見かけます。

初めて5年生の姿を見たときには、正直いって驚きました。個人的には必要ないと思いますし、見学したから合格できるというものでもありません。もちろん、長女を見学に連れていこうなど思ったこともありませんでした。

でも、こう思うのは、私自身が入試の風景に慣れているせいかもしれません。親御さんにとって初めての受験であれば、**入試当日がどんな雰囲気なのか**気になる、見ておきたい、というのもわかります。受験においては、親御さんの気持ちが安定していることが何よりも大切ですから、入試見学をしたほうが安心できるというのであれば、行ってみるのもいいかもしれません。

ただし、入試見学をしたからといって、お子さんのモチベーションが大きく変化するというものでもないでしょう。やる気が出るお子さんもいるかもしれませんが、何とも思わないお子さんもいて然りです。見学に連れていったんだから、とお子さんに期待をかけるのは筋違いというものでしょう。実際、5年生のときに桜蔭や豊島岡に見学に行ったものの、合格できなかったお子さんもたくさんいるのです。逆に、行かなかったけれども合格したお子さんも多数います。見にいって闘志をめらめら燃やすというのではなく、下見のような感覚で行くほうがいいのではないかと思います。

▽入試応援に駆けつける講師に励まされる子どもたち

さて、今までは、学校前の道路で激励をしていたのですが、通行の邪魔になったりでご近所からクレームがあったのかもしれません。05年から、新校舎の構内を使わせてもらえることになりました。開門と同時に、道路で待機していた塾関係者たちは、どっと移動しました。いい場所を取ろうと、どの塾のスタッフも早足になります。いい場所とは、入り口に近いところです。

階段を上って入り口までのスペースを両側から囲む形であっという間に配置が決まりました。私たちは「桜蔭の旗」を掲げる必要があったので、階段を上ってすぐの手すり近くに陣取ります。学校の先生に許可をいただいて、手すりに旗をくくりつける作業を始めました。

早めに来た受験生たちは、校舎手前にある別棟の講堂で待機するよう誘導されます。こちらは塾関係者は入場できませんが、保護者のような顔をして見にいってみました。

うちのクラスのお子さんたちもすでに集まってきていて、きゃっきゃと楽しそうにおしゃべりしています。お母さんたちも和やかに談笑していらっしゃいました。

さて、持ち場に戻り、生徒さんたちの入場を待ちました。

ほとんどのお子さんたちは、元気そのもの。私たちの姿を見つけると、「いたいた！」とばかりに、ぱっと笑ってくれます。ここまで来たら、あとはもう励ますことしかできません。

「大丈夫だからね。いつもどおりにやってらっしゃい」

「はいっ！」

「今日ぐらいは真面目に書いてらっしゃいよ」

「えへへへ」

ちょっと気が抜け気味だったお子さんには、最後のハッパをかけます。

お子さんたちと固い握手を交わし、「がんばりまーす！」と入り口へ向かう後ろ姿を見送ります。緊張せず、いつもの力を発揮してほしい。願いはそれだけです。合格を手にした子どもたちの笑顔を思い浮かべながら、会場を後にしました。

2月

2日、合格発表！　合格した場合は？　不合格の場合はどうする？

▽合格発表の知らせが次々と飛び込んでくる中で

2日は、早くも1日に入試が行われた学校（桜蔭、女子学院、雙葉など）の合否が発表されます。

私たち講師は、不合格だったお子さんのことも考えて、発表を見にいくことはありません。合格発表の場で、生徒とともにピースサインをしている先生が塾のチラシなどに載っているのを見たりしますが、それは、不合格者にとってあまりにも残酷というものです。

そんなわけで、私たちは、発表を見にいった校舎長からの電話を、講師室でひたすら待ちます。2時をまわると、電話が鳴るたびに「来たかっ!?」という緊張が走ります。電話は受付スタッフが取るので、私たちは「保留ランプ」がつくかどうかドキドキしながら見守ります。

2時10分くらいに、待ちに待った校舎長からの電話が、講師室にまわってきました。算数の講師が、受験番号リストに赤ペンで丸印をつけていきます。桜蔭の合格者です。私たちも一喜一憂しながら見守ります。

ひととおり○をつけ終わると、もう一度復唱して確認し、電話を切ります。

ふぅーっという長いため息のあと、ちょっとした沈黙が訪れます。

「……なんで？」

誰かが口を開きます。思いはみんな同じです。

合否結果は、合不合判定テストの合格可能性パーセンテージよりもかなり良いものでしたが、成績上位者のまさかの結果がわずかながらにあったのです。

合格者数は2桁でしたが、手放しには喜べません。不合格だった子たちの顔が浮かんでくるからです。

合否結果が書かれたリストをながめながら、あれこれ考え込んでいると、早速、電話が鳴り始めます。

「受かりました！　うれしいです！　ありがとうございました！」

はじけるような声。

もちろん私たちもうれしいけれど、でも、最大の仕事は、**補欠合格者と不合格者に対するフォローです**。**受験計画リスト**を見ながら、明日はどこを受けることになっていたかを確認し、**ダブル出願の場合、どちらをすすめるべきか**、担当講師で話し合います。そして、少し落ち着いたころあいを見計らって、夕方から、不合格者に電話を入れていきます。

それまでの時間、私たち講師は、桜蔭の入試問題の解答例の最終検討をします。朝日小学生新聞に掲載するためです。

編集者と電話でやりとりをしている最中に、廊下で女の子たちのにぎやかな声が聞こえてきました。ああ、受かった子たちだ！　ほかの講師たちといっしょにお祝いを言いに出ていきました。保護者の方たちもいらしています。教室に案内し、喜び合いながら、入試の様子を聞きます。私は国語の問題を渡し、「どんなふうに書いたか、思い出せる範囲でいいから書いてきてね」と頼みます。他教科の講師も模範解答を見せて、およそどのくらいできていたか、記入してもらっていました。みなさんこちらの事情もよくご存知で、「またあらためて来ます」と、早々にお帰りになりました。

▽不合格の場合はどうするか

「そろそろ始めましょうか……」

算数の講師が不合格者への電話を始めました。心優しい彼は精一杯の言葉をかけます。そのあと私に電話がまわってきます。気丈に受け答えをしてくれるお子さんもいれば、泣きじゃくって言葉が出ないお子さんもいます。どんな言葉をかければいいのか……。

「合格させてあげられなくてごめんね。私もすごく残念です。でも、やるだけのことはやったんだから、何も恥ずかしいことはないんだよ。悔しいかもしれないけれど、これからがほんとのスタートなんだから、堂々と胸を張って、決まった学校に行けばいいんだからね。落ち着いたら、顔を見せにきてね。電話に出てくれてありがとう」

電話の向こうからは嗚咽しか聞こえません。自分の無力さを突きつけられます。

少しずつ落ち着いてきたところで、保護者とも相談しながら、翌日以降、ダブル出願している場合は、どこを受けるかなど、**今後の計画**について話し合っていきます。

補欠合格者がいる場合は、**繰り上がり合格**について、相談します。合格者の入学手続きの締め切りは、3日昼ごろからで、この時点で繰り上がりが進めば、地方からの受験生が辞退したのだと考えられます。

その次に動くチャンスは13日前後の**招集日**です。この日に来なかった合格者は辞退とみなされるのです。それまで約10日。連絡待ちの補欠合格者は、心落ち着かぬ日々を余儀なくされるわけです。

ただ、桜蔭の場合は、慶應のように、電話をした時点で不在であれば失格にするということはなく、何回でも連絡し続けてくれます。それでも電話にいつでも出られる態勢をとっていないと不安でしょう。電話が鳴るたびに家族みんながドキッとする光景が目に浮かぶようで、本当に気の毒に思います。

筑波大附属と慶應中等部に合格した人が、桜蔭を辞退するかどうかがポイントになります。辞退が決まった方は、学校に電話でもしてくださると、つらい思いで連絡待ちをしている補欠合格者が救われると思うのですが……。

2月

3日、入試シーズン最大の山場！　その様子は？

▽女子御三家の発表は2日、男子は3日

毎年、**2月3日が最大の山場**となります。

3日は、女子では、豊島岡で2回目の試験が行われます。夕方の結果発表までは、どうにも落ち着きません。**女子御三家の合格発表は2日**に終わりますが、全員の合格を見届けるまで、私たちの入試は終わりません。まだ○をもらっていないお子さんにとっては、むしろこれからが正念場なのです。世間でいうところの山場と、ちょっとずれるのです。

一方、**男子御三家の発表は3日**です。前日、私たちの間に走っていたのと同じような緊張が、開成特別コースの担当講師の間に見られます。

2月3日。私は朝、豊島岡の入試応援に行った後、校舎に行き、仕事をしながら豊島岡の発表を待ちました。

豊島岡の場合、受験生がインターネットで学校のサイトにアクセスし、もらっていたログインI

Dとパスワードを打ち込めば、合格発表のページを見ることができます。

御三家をはじめとする伝統校では実施していませんが、今は、インターネットによる合否発表をする学校がたくさんあります。

インターネットだけでは、万が一のトラブルもありうるので、学校の掲示板にも表示されます。こちらで正式に確認をとったあと、入学手続きになります。期限までに手続きしないと、棄権とみなされます。

▽1回目2回目がダメでも、3回目で勝てばいい

インターネットでの合格発表が始まって、ほどなく電話が鳴り始めました。うれしくてはじけるような電話と、そうでない電話と……。

2回連続で不合格となったダメージは想像を超えるものがあります。3回目はもう受けたくない、というお子さんもいます。

家族全員で落ち込んでしまい、失意のどん底にいるというお子さんもいました。こういうときには家にこもっているとどんどん悪い方向に気持ちが沈んでしまいますから、流れを変えるために、お母様と一緒に校舎に来てもらいました。

魂が抜けてしまったような表情です。いろんなデータを見せて、**明日、3回目の豊島岡の試験は**

十分チャンスがあることを話しました。まだ、元気は回復しません。そこで、彼女と同じように2回不合格だったものの、3回目に豊島岡に合格できた卒業生に電話をしてみました。

私からの突然の電話にお母様はびっくりされていましたが、事情を話したところ、おおいに共感してくださり、お嬢さんを呼び出してくれました。

彼女に受話器を渡しました。どんな話をしていたのかわかりませんが、彼女はみるみる生気を取り戻していきました。

「元気になったかな？　大丈夫？」

「はい」

彼女はにこっと笑いました。

「明日、私も応援に行くからね。最後のひとがんばりだよ。明日受けにくる子たちは、みんな同じようにつらい思いをして、へとへとなんだよ。その中での勝負だから、**気力が大事**だよ！」

「それでも、激戦だからね。万が一のことがあるかもしれない。そうしたら、A中学にちゃんと受かっているんだから、胸を張って行くんだよ。A中学は英語の評判が高いから、中学の間に英検2級をとるつもりで、英語を鍛えなさいね」

明日の試験がダメだったら、彼女は1月校に進学します。落ちたときのことを想定した話などすべきではなかったかもしれませんが、豊島岡の3回目は倍率10倍の超難関。追いつめるような話はしたくないいな、と思いました。

感動したのはお母様の姿でした。お母様も十分おつらいはずなのに、終始、お子さんのことをいたわり、愛情のこもった目で見つめていらっしゃいました。お母様にはこれまで何度もお目にかかったことがありましたが、このときのお母様がいちばん優しさにあふれておいでした。「お母さんは、どんなことがあっても私の味方なんだ」と彼女はしっかりと感じ取ったはずです。お母様と肩を寄せ合うようにしながら、彼女は校舎を後にしました。

▽最後までやり抜いて悔いを残さない

2月4日の試験にはもう行きたくないという生徒さんには、説得して受けにいってもらうようにしています。

それでうまく合格できる場合もあれば、そうでない場合もあります。「結局、×がひとつ増えてしまっただけではないか」と恨まれてしまうことも覚悟のうえです。

一生に一度の中学受験を**最後まで逃げないでやり抜いた、やるだけのことはやった**、というがんばりは、結果はどうあれ、**自信と誇りにつながる**はずだし、**その子の人生においてマイナスにはならない**と思うのです。

後々になって、「あのとき受けていればよかった」という、へんな不完全燃焼の気持ちを持ってほしくないと思うのです。私は、担任に内申書を書いてもらうことができずに慶應中等部の受験を断念したので、特にそう思うのかもしれません。

難関の志望校に3回続けて不合格が決まったとき、あるお母様は、「ひとつでも○を取らせてあげられるように、別の学校を受けさせてやればよかったのではないか」と号泣されていたそうです。

そのお気持ちは本当にもっともですが、お母様は何もまちがっていなかったと思います。計画どおりの受験を敢行したわけだし、たとえ別の学校の合格を取れたとしても、「あのとき、もし第1志望校を受けていれば……」という思いは残ってしまうと思うのです。

▽受験に勝者がいるとするなら

豊島岡に3回目にチャレンジにいった先述の彼女は、結局、縁のあった1月校に進学することになりました。きっとすばらしい中学生生活を送るはずです。

家族みんなで娘さんの進学を「よかったね」と祝ってあげられることが何よりも大事でしょう。

たかが受験で×がついたくらいで、目の前が真っ暗になることなんかないのです。

中学受験は通過点にすぎないのですから……。

うんといい6年間を過ごし、力を伸ばし、行きたい大学を目指してがんばる。

それで十分**幸せ**なのではないかな、と私は思うし、お母様にもそう思っていただけたらうれしいなと思います。

後日談ですが、このお嬢さんは、進学した中学の校風が自分にぴったり合い、すぐにいい友だちもできて、明るく生き生きとした、すてきな中学生になっています。中間テストや期末テストを持って、塾にもよく遊びにきてくれます。おとなしかった彼女がすっかり積極的で活発になったのには、私たちもびっくりしました。これが彼女の本当の姿だったんだな、としみじみ思いました。

また、お母様もそんなお嬢さんの姿を見て「娘に合った学校に入れてやることができて、本当に幸せです」と顔を輝かせておいでででした。そして、「今年の桜特生（桜蔭特別コース生）のみなさんも幸せな受験ができますように」とクラス全員にお菓子をくださったのです。

受験に「勝者」がいるとするなら、このお嬢さんとお母様のことだと、私は思います。

［著者］
南雲ゆりか（なぐも・ゆりか）
東京都生まれ。四谷大塚進学教室国語科専任講師。例年、「桜蔭特別コース」で指導にあたり、女子最難関といわれる桜蔭中学校合格率８割をたたき出す。効果的な勉強法によって生徒の力を引き出し、確実に伸ばしていく指導力とともに、「中学受験は子どもが幸せになるためのもの」という信条と的確な入試分析に基づく親身な受験指導により、生徒・保護者から絶大な信頼を集めている。自らも中学受験を経験。フェリス女学院中学・高校を経て、横浜国立大学教育学部卒業。横浜市立小学校の教員を務めた後、長女出産を機に四谷大塚進学教室講師に転身した。2005年には長女の中学受験も経験。受験指導のプロ講師、受験生の母、元中学受験生にして小学校教諭の視点も備えた希有な指導者と言える。

笑って合格する！「中学受験」必勝法
——超人気講師が教える、親子で心から満足できる受験生活

2007年４月12日　第１刷発行
2009年４月６日　第３刷発行

著　者——南雲ゆりか
発行所——ダイヤモンド社
〒150-8409　東京都渋谷区神宮前 6-12-17
http://www.diamond.co.jp/
電話／03·5778·7236（編集）03·5778·7240（販売）

カバーデザイン——清水良洋（Malpu Design）
本文デザイン——磯崎守孝
写真撮影——板山一三（スタジオジーマック）
編集協力——鈴木ひとみ
DTP製作——F's factory
製作進行——ダイヤモンド・グラフィック社
印刷————加藤文明社
製本————宮本製本所
編集担当——酒巻良江

ISBN 978-4-478-00091-5